Nur die Hälfte wurde mir gesagt!

Warum viele Christen aufgrund einer halben Botschaft mit halber Kraft auf halbem Weg scheitern.

Alexander Basnar, Wien 2016

Bibliografische Information der Deutschen Nationalbibliothek:
Die Deutsche Nationalbibliothek verzeichnet diese Publikation in der Deutschen Nationalbibliografie; detaillierte bibliografische Daten sind im Internet über www.dnb.de abrufbar.

© Alexander Basnar, Wien 2016

Grafiken & Abbildungen © Alexander Basnar

Titelbild: Fotomontage aus eigenem Wüstensandbild und dem Buchcover „**Überwältigt von Gnade**" von John Piper (CLV, Bielefeld). John Pipers Buch selbst ist in vorliegendem Buch kein unmittelbares Thema, doch der Titel hat für mein Thema eine erschütternde Zweideutigkeit: Er illustriert die reale Gefahr aufgrund der unzureichenden evangelikalen Gnadenlehre zu scheitern.

Herstellung und Verlag:
BoD – Books on Demand, Norderstedt
ISBN: 978-3-7412-5381-2

Kontakt: *alex.basnar@telering.at*; *https://hausgemeinde.wordpress.com*

Inhalt

NUR DIE HÄLFTE WURDE MIR GESAGT! 7
Für normale Gemeindeglieder 7
Für Gemeindeleiter und Lehrer 8
Teil 1: Die volle Botschaft 9
Teil 2: Ein Weg, den wir zur Gänze zurücklegen müssen 10
Teil 3: Mit voller Kraft 11
Zwei Bilder zur Verdeutlichung: 12

EIN WORT ZUM WORT 16
Wort Gottes 16
Bestmögliche Übersetzungen 16
Verslisten oder Erzählbögen 17
Wesentliche Anregungen 18

DAS LÖSEGELD UND DER TRIUMPH CHRISTI 20
Die Satisfaktionstheorie 20
Ungelöste Probleme in der Satisfaktionstheorie 25
Erst Bezahlung, dann Vergebung? 25
Eine Buchhaltungstransaktion? 26
Welcher Aspekt der Schuld wurde beglichen? 27
Beleidigte Hirten und Väter? 28
Wo ist das Thema der Knechtschaft in diesem Modell? 29
Wo ist Christi Triumph über Satan in diesem Modell? 29

Die Klassische Theorie der Erlösung 30

Das Lösegeld 31

Das Problem der Knechtschaft 32

Ein neuer Herr 33

Gezahlt an Satan? 34

Triumph über Satan und die Finsternis 35

Mit dem Blut ins Heiligtum 36

Der Schwerpunkt liegt auf der Versöhnung statt auf der Vergeltung ... 37

Das ursprüngliche Verständnis 38

DAS EVANGELIUM IM LICHT DES EXODUS 44

Die drei Aspekte der Errettung 44

Vergangenheit 45

Gegenwart 46

Zukunft 46

Unser Passa ist geschlachtet 48

Der Durchzug durchs Meer 50

Die tägliche Rettung in der Wüste: Das Manna und das Wasser 53

Gott kämpft mit uns: Der Sieg über Amalek 57

Der Bundesschluss am Sinai 60

Die große Entrüstung! 65

Die Hauptsünden: Begierde, Götzendienst, Unzucht 70

Gräber der Begierde 71

Der Tanz ums goldene Kalb 72

Die Unzucht mit fremden Frauen 73

Wie konnten die Israeliten bereits Christus versuchen? 74

Murren 74

Gnade und Rettung 75

Wer meint zu stehen … 78

ES IST EINE KRAFT GOTTES Wir sind keine „armen Sünder" mehr 83

Die Kraft Gottes 83

Die Gerechtigkeit Gottes 84

Dieselbe Voraussetzung für alle Menschen 88

Das Prinzip des Glaubens 91

Der Gerechte wird nicht durch seine Gerechtigkeit leben 92

Der Ungerechte wird nicht durch den Glauben leben 93

Die Gerechten werden aus Glauben leben 95

WIE SOLLEN WIR DENN PREDIGEN? 97

Buße und Glaube 98

Reich Gottes und Evangelium 101

Wie sollen wir nun predigen? 105

Folge Mir nach! 106

Denselben Weg gehen 106

Absonderung und Selbstverleugnung 107

In das Königreich Gottes hineingehen 108

Aus der Finsternis errettet werden 109

Habe ich etwas vergessen? 111

    Nun wären die Evangelisten dran 112

        Königreich und Politikverdrossenheit 112

        Autobahn der Begierden 113

        Befreiung aus dem Hamsterrad des Teufels 113

        Das Kreuz Christi als radikale Herausforderung 114

NACHWORT, AUTOR, WEITERFÜHRENDES 115

    Weiterführende Literatur 118

        David W. Bercot – Zurück zum Start 118

        Glaube und 119

        Nichts für kleine Kinder 120

        Friede sei mit Dir! 121

        Wegbegleiter 122

        Web-Präsenz 123

NUR DIE HÄLFTE WURDE MIR GESAGT!

Mit diesen Worten drückte die Königin von Saba ihr Erstaunen aus, als sie König Salomos Weisheit und die Pracht Seines Königreiches mit eigenen Augen sehen konnte (2.Chr 9,6); ihre Erwartungen wurden weit übertroffen. Man kann aber auch negativ überrascht werden, wenn man nur die Hälfte einer Sache hört; beispielsweise, wenn man einen Vertrag abschließt und erst nachher auf das Kleingedruckte aufmerksam gemacht wird. Seit Jahren frage ich mich, ob wir das Evangelium wirklich in einer Weise predigen, die angemessen ist, um uns auf die Jahre zwischen unserer Bekehrung und unserer Verherrlichung hinreichend vorbereiten. Mein Eindruck ist, dass wir nicht einmal die Hälfte dessen, was nötig ist, lehren und deshalb viele Christen nur mit halber Kraft leben und auf halbem Weg scheitern, oder zumindest ihre Irritation zum Ausdruck bringen: „Das war aber nicht ausgemacht!"

Mit diesem Buch möchte ich auf ein paar vernachlässigte Themen hinweisen, die für das Gelingen unseres Glaubensweges von entscheidender Bedeutung sind. Ich selbst brauchte mehrere Jahre, um das zu durchschauen, doch dann fiel es mir wie Schuppen von den Augen; deshalb gehe ich davon aus, dass manche Ausführungen den einen oder anderen auch erschrecken werden, je nachdem wie er theologisch geprägt wurde. Bevor ich in das Thema einführe, möchte ich ein paar allgemeine Bemerkungen vorausschicken:

Für normale Gemeindeglieder

Ich bin der Überzeugung, dass jedes Gemeindeglied in geistlichen Dingen zuerst bei der Gemeindeleitung Rat suchen soll und nicht bei fremden Buchautoren. Die Realität sieht oft anders aus, und auch ich habe hier etwas veröffentlicht, das frei zugänglich ist. Darum habe ich eine Bitte an Dich: Besprich die Fragen, die Dir zu diesem Buch kommen, mit den Ältesten (Predigern, Pastoren) Deiner Gemeinde. Es kann sein, dass ich ein Irrlehrer bin und vor mir gewarnt werden muss. Wenn das die Meinung Deiner Ältesten ist, dann respektiere sie, denn es soll nicht um mich gehen, sondern um das Wort Gottes. Sie sind verantwortlich für Deine geistliche Entwicklung, ich kann darauf aus der Distanz ohnedies keinen Einfluss nehmen, und es steht mir auch nicht zu. Andererseits ist die Gabe, die Gott mir gegeben hat, ein Geschenk für die *ganze* Gemeinde und nicht nur für die, mit denen ich vor Ort verbunden bin. In diesem Sinn mag das Buch den Rang eines Gastpredigers einnehmen, der einen (hoffentlich wertvollen) Denkanstoß gibt, dann aber wieder weiterzieht.

Für Gemeindeleiter und Lehrer

Mit diesen Ausführungen möchte ich vor allem Euch ermuntern, das Evangelium unseres Herrn Jesus Christus vollständiger zu erfassen und zu lehren. Wir stehen in großer Verantwortung vor dem Herrn (Jak 3,1), und es geht um die uns anvertrauten Seelen (Heb 13,17). Ich bin selbst ein Lehrer in einer christlichen Gemeinde und bemühe mich, dieser Berufung gerecht zu werden. Nachdem mir vor Jahren bewusst wurde, wie ich (und viele andere), in dem Bestreben, das Evangelium leicht verständlich zu präsentieren, es um wesentliche Aspekte verkürzt haben, wurde ich zuerst sehr verunsichert und beschämt. Seither bemühe ich mich darum, was fehlt auszugleichen. Diese wenigen Seiten sind ein Zwischenergebnis dieses Bemühens. Ich strebe mit dieser Broschüre keineswegs Vollständigkeit an, sondern will Gedanken anstoßen, die Ihr vor dem Herrn selbst weiterverfolgen und vertiefen könnt. Selbst kann ich mit Freude bezeugen, dass meine anfängliche Verunsicherung einem tiefen Frieden und einer *fundierten* Gewissheit gewichen ist, die ich Euch und allen Lesern von Herzen wünsche.

Teil 1: Die volle Botschaft

Was meine ich mit der halben Botschaft? Im ersten Abschnitt geht es darum, wie wir das, was vor bald 2.000 Jahren auf Golgatha geschah, verstehen und für uns wirksam werden lassen. Es werden nicht die Tatsachen des Heils in Zweifel gezogen, sondern es geht um deren Auslegung und Vermittlung. Ich wurde gelehrt, dass sich alles im Wesentlichen darum dreht, das unsere Sünden vergeben werden und wir durch Glauben an Jesus ewiges Leben erhalten. Das glaube ich auch heute noch. Aber ist das alles? Was fehlt, ist das ganze Leben zwischen Bekehrung und Verherrlichung: Hat die Art und Weise, wie wir in dieser Welt als Christen leben noch irgendeinen Einfluss auf die Errettung, oder ist das nur eine Zeit, die wir so recht und schlecht hinter uns zu bringen versuchen, bis wir im Himmel sind? Bei dieser „herkömmlich evangelikalen" Verkündigung sind nämlich nur das sündige Leben vor unserer Bekehrung und das herrliche Leben nach unserer Auferstehung im Blick, und das bringt gravierende seelsorgerliche Probleme mit sich. Zum Beispiel: „Warum muss ich jetzt noch gute Werke tun und Jesus gehorchen, wenn eigentlich bereits alle Voraussetzungen unwiderruflich dadurch erfüllt sind, dass alle Sünden, selbst die noch gar nicht begangenen, bereits vergeben sind?" Wir behelfen uns damit, zu ermuntern, dies aus Freude und Dankbarkeit über das Heil zu tun; oder weil es zusätzlich noch einen (nicht näher bestimmten) Lohn zu erwarten gibt. Beides ist wahr: Wir sollen aus dankbarem Herzen Gott gehorchen, und es wird einen Lohn geben.

Aber macht es wirklich gar nichts aus, wenn wir ungehorsam und faul sind? Sowie man nun nämlich sagt: „Du *musst* Gott gehorchen", handelt man sich den Vorwurf der „Gesetzlichkeit" ein, schließlich wäre es dann ja nicht mehr Gnade. Was ist nun das Ergebnis dessen? Ganz ehrlich und nüchtern beurteilt: Das christliche Leben, besonders bei uns im Westen, ist alles andere als überzeugend und mitreißend. Irgendwie stimmt hier etwas grundlegend nicht. Ich bin zu der Überzeugung gelangt, dass das ganze Thema des Herrschaftswechsels und des Glaubensgehorsams sich in ein auf Vergebung reduziertes Modell des Evangeliums[1] nicht einfügen lässt, weil dies als *etwas von der Errettung Abgekoppeltes* gelehrt wird;[2] deshalb meine ich, dass dieses Modell zu kurz greift. Allerdings gibt es ein vollständigeres Modell, um das Werk Christi zu beschreiben, wo Heilung und Gehorsam sich natürlich einfügen; es ist jedoch relativ unbekannt. Das ist das erste Thema, das ich nach den Einleitungstexten vorstellen werde: Das Satisfaktionsmodell im Vergleich zum Lösegeldmodell (oder „Christus Victor").

Teil 2: Ein Weg, den wir zur Gänze zurücklegen müssen

Am besten wird meine These verdeutlicht, wenn wir die Jahre und Jahrzehnte zwischen unserer Bekehrung und Verherrlichung als einen *Weg* begreifen, der uns zur Errettung *führt*. Die dahinter stehende Überlegung

---

[1] Mit „Modell des Evangeliums" meine ich die theologischen Ansätze, das Werk Christi zu erklären. Wenn ich sage, ein Modell greife zu kurz, heißt das nicht, das Werk Christi sei ungenügend! Ich bitte, diese Unterscheidung immer im Hinterkopf zu bewahren. Nicht ein Pünktchen vom Evangelium will ich abschwächen, sondern unser Verständnis desselben verbessern, wo wir zu gering über das Kreuz denken.

[2] Vielleicht gibt es da Widerspruch, aber wie ist es wirklich? Viele lehren die Errettung anhand von Joh 3,16 und da dort nichts von der Taufe steht, sagen sie – sinngemäß – es wäre gut und wichtig, sich taufen zu lassen, *nachdem* man errettet ist. Und da der Glaube die einzige Bedingung zum Heil ist, ermuntern sie zu einem heiligen Leben, *nachdem* man errettet worden ist. Nun kann man aber nicht mehr sagen, *man müsse* getauft werden oder ein heiliges Leben führen, denn beides habe ja nichts mehr mit der Errettung zu tun, sondern nur mehr als *dringende Bitte* kann es gelehrt werden. Doch das wird, wie wir alle wissen, der Heiligen Schrift selbst nicht gerecht (Mk 16,16 oder Heb 12,14), und es bewirkt insgesamt bei den meisten keine entschiedene Hingabe, da der Gehorsam des Glaubens als *„freiwillige Fleißaufgabe"* vermittelt wird.

ist die, dass die Errettung offenbar mehrere „Phasen" umfasst und nicht in einem Moment der Bekehrung allein erfasst werden kann.

Das Modell dafür ist der Exodus, mit dem ich mich im zweiten Abschnitt ausführlicher befasse. Unser Weg der Errettung beginnt mit der Bekehrung und unserem geistlichen Auszug aus Ägypten (unserer Knechtschaft in der Sünde), und dann gehen wir durch die Wüste bis zum Jordan und dem verheißenen Erbe dahinter. Damit bekommt das Leben, das wir führen, in natürlicher Weise Relevanz für das Heil. Die Errettung wird nämlich als ein Weg beschrieben, den wir zur Gänze zurücklegen müssen, um ans Ziel zu kommen. Wir erinnern uns vielleicht, dass „der Weg" die eine der ersten Selbstbezeichnungen der Christen war (Apg 22,4). Auf dieser Reise erleben wir, dass die Rettung Gottes kein einmaliges Ereignis war, sondern auf täglicher Basis geschieht, indem Er uns das Manna zum Überleben gibt, oder uns im Kampf gegen Amalek beisteht. Doch ist diese Geschichte auch voll von Warnungen, da Menschen, die zwar aus Ägypten aufbrachen, das Ziel nicht erreichten, weil sie unterwegs den Glauben verloren. Was das für uns konkret bedeuten soll, ist das Thema des zweiten Abschnitts.

Teil 3: Mit voller Kraft

Die vielfältigen Aufforderungen, ein heiliges und gehorsames Leben zu führen, sind keine Überforderung, sobald wir verstanden haben, wie Gottes Kraft in uns zur Entfaltung kommt. Was uns dabei jedoch hindert, ist die allzu oft gehörte Ausflucht: „Wir sind ja nur arme Sünder und können ja gar nicht so richtig gut sein."[3] Dies steht jedoch im Gegensatz zum Wesen

---

[3] Dazu gehört auch der nahezu reflexartige Einwand: „Wir können nichts aus eigener Kraft tun", was zwar stimmt, aber unterschlägt, dass wir dennoch alles in der Kraft Gottes tun können! Solche *theological correctness* konterkariert jedes entschlossene Handeln, weil es den Blick von Christus weg auf unser Fleisch richtet und so jede Rechtfertigung bietet, Begonnenes nicht weiter zu vollenden.

des Neuen Bundes und der Kraft des Heiligen Geistes. Wer das nicht gelernt hat, wird sich ab einem gewissen Zeitpunkt in seinem Glaubensleben mit der Normalität von Sünde in seinem Leben abgefunden haben; wobei er sich vielleicht noch damit tröstet, dass ohnedies alles vergeben sei. Allerdings spürt er, dass dies weder den Herrn ehrt, noch gegenüber der Welt wirklich glaubwürdig ist. Es sind nicht wenige, die den Weg des Glaubens dann überhaupt aufgeben, weil sich – ehrlich betrachtet – gegenüber ihrem alten Leben nicht so wirklich viel verändert hat. Dem möchte ich mit dem letzten Teil entgegenwirken, damit niemand auf halbem Weg liegen bleiben muss, weil er nur mit halber Kraft unterwegs war. Die Grundlage dafür ist aber die volle Botschaft des Heils.

Zwei Bilder zur Verdeutlichung:

„Ein Bild sagt mehr als tausend Worte", sagt das Sprichwort. Deshalb will ich diese Einleitung mit zwei einfachen Grafiken zusammenfassen. Das erste Bild zeigt, wie die Errettung in der Regel vermittelt wird:

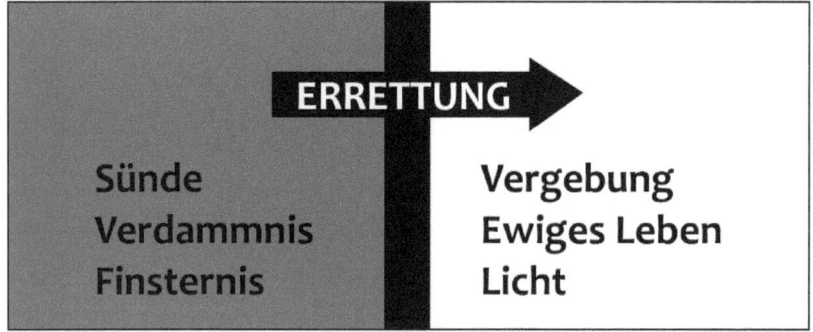

Was wir in der Regel vermitteln, ist nur der *Moment* der Bekehrung, der uns Vergebung der Sünden und das ewige Leben „sichert". Alles zwischen diesem Moment und unserer Auferweckung hat nach „herkömmlich evangelikaler" Auffassung nichts mit der Errettung zu tun, und deshalb wird es in der Verkündigung ausgeblendet. Im Begriff Errettung ist alles zusammengefasst, sodass nicht mehr unterschieden wird zwischen Erlösung, Errettung, Reinigung und Vergebung. Dadurch aber entgehen uns mehr als nur „Feinheiten".[4] Die Nivellierung der Begriffe führt zu einer unsachgemäßen Verkündigung, mit allen Konsequenzen.

Ich schlage in dieser Arbeit folgendes Bild vor:

ERRETTUNG			
Sünde Knechtschaft Finsternis Verdammnis	ERLÖSUNG Anfechtungen Kämpfe Bewährung	BEWAHRUNG Gehorsam Treue Ausharren	VOLLENDUNG Ruhe, Erbe, Verherrlichung ewiges Leben
Bekehrung		Nachfolge	Auferstehung

Dieses Bild macht deutlich, dass die Errettung in mehreren Phasen abläuft, die man voneinander unterscheiden muss. Hier wird sichtbar gemacht, dass zwischen unserer Erlösung und unserer Vollendung (also der Auferstehung des Leibes) ein Weg liegt, der in Beständigkeit und Treue zurückgelegt werden muss. Errettung wird so zum Überbegriff, der sich gliedert in die einmalige Erlösung aus der Knechtschaft der Sünde (geistl. Ägypten) und

---

[4] Auf der ungenügenden Begriffsbestimmung beruhen schwerwiegende Trugschlüsse: Da die Erlösung tatsächlich einmalig und abgeschlossen ist, jedoch nicht zwischen Erlösung und Errettung (die weit mehr umfasst) unterschieden wird, kann man die vermeintlich vollständige „Errettung", nicht mit den vielfältigen Warnungen vor dem Abfall vereinbaren. Auch die Aussage, die Vergebung betreffe alle Sünden der Vergangenheit, Gegenwart und Zukunft, ist auf diese „Begriffsunschärfe" begründet, die das ganze Werk der Errettung im Moment der Bekehrung als vollendet betrachtet. Manche gehen soweit, dass Christen gar nicht mehr um Vergebung beten, sondern nur dafür danken sollten. Ob sie das dem Herrn Jesus im Anschluss an Seine Unterweisung zum Gebet auch gesagt hätten?

den vielfältigen Bewahrungen und Vergebungen auf dem Weg durch das Leben (unsere Wüstenreise). Das zeigt auch, warum Erlösung und Vergebung zwei verschiedene Dinge sind, denn erlöst wird man nur ein einziges Mal, Vergebung erhält man im Lauf des Lebens jedoch immer wieder.

Gerade das Exodus-Beispiel, das uns im Detail noch beschäftigen wird, lehrt aber auch, dass die einmalige und vollkommene Erlösung aus der Hand des Pharao nicht bedeutet, dass wir das Ziel des Glaubens automatisch erreichen werden. *Der Weg muss zurückgelegt werden.* Die Schritte, die wir tun müssen und der Gehorsam, den wir zu leisten haben, stehen dabei keineswegs im Gegensatz zur Gnade Gottes, die uns zu all dem befähigt, und uns auch zu vergeben bereit ist, wenn wir unterwegs straucheln. Aber die Gnade enthebt uns nicht vom Gehen und vom Gehorsam – Gnade, Glaube und Werke sind in dieser Grafik stimmig und widerspruchsfrei vereint. Auch die Möglichkeit des Abfalls vom Glauben, des Scheiterns auf dem Weg, wird erst nachvollziehbar, wenn man die Errettung als Weg versteht und nicht als *ein punktuelles einmaliges Ereignis* in der Biographie eines Menschen (Bekehrung).[5]

Es ist mein tiefer Wunsch, mit dieser Arbeit ein vollständigeres Verständnis des Evangeliums und daraus folgend ein Umdenken in unserer Verkündigungsarbeit einzuleiten. Ich ersuche daher vorab, davon Abstand zu nehmen, meine Ausführungen aus der Position dogmatischer Lehrsätze heraus zu beurteilen,[6] sondern zuerst einmal aufmerksam zu verfolgen,

---

[5] Ich verwende gerne den Begriff „Heilspunktualismus", um sprachlich pointiert auf das Problem hinzuweisen.

[6] Es sind meist ziemlich fruchtlose Diskussionen, wenn mit denselben Dogmen darauf geantwortet wird, die in einer Diskussion in Frage gestellt werden: Bruder X versucht darzulegen, dass Dogma A mit der Heiligen Schrift nicht in Einklang zu bringen ist. Bruder Y entgegnet, dass Dogma A die Ausführungen von Bruder X widerlegt. D.h. Bruder Y machte sich nicht die Mühe, die vorgebrachten biblischen Argumente zu überprüfen.

welchem Ansatz ich folge, wie ich die Heilige Schrift auslege. Ich bin also nicht deshalb a-priori im Irrtum, weil ich zu anderen als den dogmatisch gewohnten Ergebnissen[7] komme, sondern nur insofern, als ich dem Wort Gottes nicht entspreche. Für solche Hinweise bin ich immer dankbar und möchte lernbereit bleiben. Auch bei Meinungsverschiedenheiten ersuche ich um das Vorschussvertrauen, dass auch ich den Herrn mit dieser Schrift ehren und dem Aufbau Seiner Gemeinde dienen möchte. Ihm befehle ich deshalb mich und meine Ausführungen an, sowie alle Leser, dass sie von Seinem Geist geleitet prüfen und das Gute behalten mögen.

Solche Diskussionen sind leider die Regel und nicht die Ausnahme und führen zu Verhärtungen und gegenseitigen Verurteilungen. Das ehrt den Herrn nicht.

[7] Konkret wird das „Sola Fide" der Reformation in Frage gestellt, bzw. das „Once Saved Always Saved", das von der Mehrheit der Evangelikalen Christen im Westen vertreten wird.

EIN WORT ZUM WORT

Es ist natürlich eine Frage der Schriftauslegung, um die es hier geht. Deshalb sind ein paar Feststellungen vorab angebracht.

Wort Gottes

Die Bibel ist vollumfänglich das Wort Gottes, und zwar Wort für Wort, ohne Einschränkungen. Es ist das Medium, durch das Gott zu uns spricht, in dem verbindlich alles festgeschrieben ist, von dem Er will, dass wir über Ihn und uns selbst, über Vergangenes, Gegenwärtiges und Zukünftiges sowie über Sichtbares und Unsichtbares Bescheid wissen sollen. Diese Offenbarungen sind verständlich, was die sprachliche Mitteilung betrifft, gehen aber über unser Verstehen hinaus, was die Tragweite und Wirklichkeit des Himmlischen betrifft. Wir sind dazu aufgefordert, es gründlich zu lesen und unser Leben danach auszurichten, denn in diesem Wort wird uns das Heil gezeigt, und nach diesem Wort werden wir auch gerichtet werden.

Bestmögliche Übersetzungen

Das verpflichtet uns dazu, das Wort Gottes in der bestmöglichen Übersetzung zu studieren, um nichts von der Offenbarung Gottes zu verpassen oder zu verfremden. Ich habe mich aus diesem Grund im NT für die Übersetzung von Herbert Jantzen[8] entschieden, die, besonders was die

---

[8] **Das Neue Testament in deutscher Fassung,** Herbert Jantzen, Missionswerk Friedensbote D-58530 Meinerzhagen 2007, ist eine Übersetzung, die auf dem überlieferten Text des Neuen Testaments beruht, der durch die überwiegende Anzahl der Textzeugen bestätigt und abgestützt wird. (Die spitzen Klammern im Original habe ich der besseren Lesbarkeit wegen weggelassen.)

Zeitformen der Verben betrifft, m.E. unübertroffen ist; aus dem AT zitiere ich aus der alten Elberfelder Bibel.[9] Das macht die Arbeit streckenweise etwas „sperrig", aber ich bitte gerade deshalb, sich die Zeit zu nehmen, die Bibeltexte nötigenfalls mehrmals gründlich zu lesen, denn diese sind es, an denen meine Ausführungen gemessen werden müssen. Vieles habe ich auch in Fußnoten noch näher ausgeführt.

Verslisten oder Erzählbögen

Gerade, was die Evangeliumsverkündigung betrifft, bemühen sich die meisten, anhand einzelner Schlüsselverse den Punkt zu treffen, oder anhand einer mit einer Konkordanz[10] zusammengestellten Liste solcher Verse. So trifft man oft auf die Aussage, 150 Verse lehren, dass wir (allein) aus Glauben gerettet werden;[11] allerdings wird dabei übersehen, dass im Kontext fast all dieser 150 Stellen wenige Verse davor oder danach andere Aufforderungen neben den Glauben treten, die zumindest das „allein" radikal in Frage stellen. Darum bemühe ich mich hier, besonders im zweiten Teil, um das Erfassen der „Erzählbögen." Gottes Offenbarung erfolgte nämlich nicht systematisch, wie wir das etwa von einem Rechtskodex gewöhnt sind, sondern „relational" (beziehungsbasiert), indem Gott mit dem Volk Israel Geschichte geschrieben hat, um uns aus dieser Geschichte heraus Seine Absichten zu verdeutlichen. Es ist von daher notwendig, die Geschichte selbst zu erfassen (Einleitung, Höhepunkte,

---

[9] **Elberfelder Bibel 1905,** nach der Fassung von e-sword, einer Computer-Bibel (www.e-sword.net); Besonderheit: Jehova wurde gegenüber der ursprünglichen Druckfassung durch Jahwe ersetzt.

[10] Wort-Nachschlagewerk zur Bibel, heute verwendet man meistens Suchfunktionen bei Computer-Bibeln.

[11] So bei Walvoord und Chafer **Grundlagen biblischer Lehre** (Christliche Verlagsgesellschaft Dillenburg 1994), S 191

Abschluss und geistliche Bedeutung), um zum Kern vorzudringen. *Der Konkordanz-Ansatz ist dazu nicht in der Lage.* So hilfreich Konkordanzen auch sind, sobald man die Geschichte verstanden hat, und einzelne Details daraus wieder finden will, so sehr hindern uns Konkordanzen am Verständnis der Geschichte, wenn wir sie als „Abkürzung zu schnellen Antworten" verwenden.

Darum spreche ich an einer Stelle einmal vom „Drama" der Erlösung, nicht in dem Sinn, dass es sich um eine „mythische" oder gar „metaphorische" Geschichte handle, sondern in dem Sinn, dass die Geschichte beschreibt, wie die Erlösung zu verstehen ist und wirkt. Das heißt, dass hinter den historischen Ereignissen eine Aussage steckt, die auf die Errettung in Christus verweist und uns diese verstehen hilft.

Wesentliche Anregungen

Vieles von dem, was ich hier zusammenfasse, wurde durch andere angeregt. Große Bedeutung für mich hatte eine mehrtägige Vortragsreihe mit David Gooding[12] über die Rebellionen Israels in der Wüste. Nachhaltig geprägt hat mich David Bercot,[13] dessen Ausarbeitungen über den Glauben und die Praxis der vornizäischen Kirche als bahnbrechend zu bezeichnen sind. N.T. Wright[14] brachte mir bei, Paulus mehr im Kontext seiner Zeit zu sehen und so aus dem Auslegungsschema der reformatorischen Polemik des

---

[12] David Gooding (Belfast) ist ein bekannter Lehrer innerhalb der Brüderbewegung. Er würde meinen Schlussfolgerungen aber widersprechen.

[13] David Bercot, ehemaliger Zeuge Jevohas, wurde durch das Buch **Will the Real Heretics Please Stand Up** (auf Deutsch: **Zurück zum Start**) bekannt.

[14] N.T. Wright ist ein Anglikanischer Theologe, der zu den Vertretern der **New Perspective on Paul** gehört, die aber auch liberale und bibelkritische Theologen umfasst. Ich teile nicht alle Seine Meinungen, aber er ist ein guter Apologet und brachte in seinem Buch **Surprised by Hope** hervorragende Argumente für die Hoffnung auf die leibliche Auferstehung.

16. Jahrhunderts zu lösen. Sie alle halfen mir, in den Jahren meines Umdenkens, wieder Boden unter meine „theologischen Füße" zu bekommen; einen Teil des Gewinns aus ihrer Literatur und Lehrtätigkeit möchte ich nun mit Euch teilen. Möge es zur Ehre des Herrn und zum Aufbau Seiner Gemeinde dienen.

DAS LÖSEGELD
UND DER TRIUMPH CHRISTI

Was die Erlösung durch das Blut Christi betrifft, so ist diese eine Tatsache, die im Glauben ergriffen wird; jedoch zugleich ein Handeln Gottes, das unseren Verstand zutiefst heraus- und wohl auch überfordert. Die Auseinandersetzung mit der Liebe Gottes in Christus ist aber notwendig, um im Glauben und der Erkenntnis des Sohnes Gottes zu wachsen (vgl. Eph 4,13). Gott will sicher nicht, dass wir uns mit einem oberflächlichen Verständnis des Kreuzes zufrieden geben, sondern aus vertieftem Erkennen in noch ergriffenerem Erstaunen unseren großen Gott und Vater durch den Herrn Jesus Christus danken, loben und anbeten.

Darum möchte ich in diesen Zeilen ein älteres, beinahe vergessenes Verständnis der Erlösung vorstellen und ausführen, das nicht etwa durch etwas Besseres ersetzt wurde, sondern durch ein „Modell", das über weite Strecken die Kraft der Erlösung und deren Tragweite schmälert. Es geht um den Gegensatz zwischen dem „klassischen" Modell und dem „Satisfaktionsmodell" (o. Satisfaktionstheorie). Zuerst werde ich das jüngere der beiden zusammenfassend darlegen, mit dem die meisten Christen im Westen groß geworden sind (die Ostkirchen teilen dieses nicht). Anschließend will ich aufzeigen, was dieses Modell alles nicht erklären kann. Im dritten Teil stelle ich das „klassische" Modell vor, das ältere und – wie ich meine – ursprüngliche Verständnis der Erlösung.

Die Satisfaktionstheorie

Satisfaktion bedeutet Genugtuung. Wir kennen diesen Begriff vielleicht noch aus alten Mantel- und Degenfilmen, wo ein beleidigter Edelmann in einem Duell Satisfaktion von dem Beleidiger fordert. Ein Problem ergab sich dabei, wenn der Kontrahent nicht „satisfaktionsfähig" war, beispielsweise aufgrund seiner allzu niederen Herkunft. Im Hochmittelalter begann der Gelehrte Anselm von Canterbury (1033-1109) ausgehend von dieser Beobachtung ritterlicher Ehre zu beschreiben, wie das Opfer Christi zu verstehen sei: *Cur Deus Homo*[15] – Warum Gott Mensch wurde, hieß sein bahnbrechendes Werk.

Warum wirklich? Anselm zitiert eine nahe liegende Frage:

„Diese Frage pflegen sowohl die Ungläubigen, die christliche Einfalt als töricht verlachend, uns vorzuwerfen, als auch viele Gläubige in ihrem Herzen zu erwägen: aus welchem Grunde nämlich oder aus welcher Notwendigkeit Gott Mensch geworden sei und durch seinen Tod, wie wir glauben und bekennen, der Welt das Leben wiedergeschenkt habe, da er das doch entweder durch eine andere Person, sei sie engelhaft oder menschlich, oder durch den bloßen Willen hätte tun können."[16]

Die Frage ist berechtigt, solange man nicht das Problem der Sünde verstanden hat, welche tiefen Auswirkungen sie hat. Welche?

Anselm erklärt die Sünde der Menschen als eine Beleidigung der Majestät Gottes, die getilgt werden muss. Dazu ist Christus Mensch geworden, um als Mensch die Ehre Gottes wiederherzustellen, indem Er in Seinem Gehorsam bis zum Tod am Kreuz Gott die höchstmögliche Ehre erwies. In einem Wikipedia-Artikel heißt es zusammenfassend:

„Für Gott habe es nur die Alternative gegeben „entweder Strafe" (aut poena), d.h. die Vernichtung der gesamten Menschheit „oder Wiedergutmachung" (aut satisfactio) durch eine die Sünde aufwiegende Ersatzleistung. Damit die

---

[15] Das Werk ist hier zu lesen: http://12koerbe.de/pan/curdeus1.htm (Stand Juli 2016 - gilt auch für die folgenden Links)

[16] http://12koerbe.de/pan/curdeus1.htm#capitulum%20i

Ersatzleistung aber schwergewichtiger als die Menschheitssünde sein konnte, war es nötig, dass Gott selbst Mensch wurde, um nun – als selbst Sündloser – in der menschlichen Gestalt Jesu Christi sein Leben als satisfactio für die Sünden der Menschen dahin zu geben."[17]

Die Stärke von Anselms Werk war der Versuch, mit zwingender Logik diese Thesen zu beweisen. Er wählt dazu das Mittel eines fiktiven Dialogs, das sich immer gut eignet, ein Thema zu erörtern und zu begründen, da man die zu erwartenden Einwände systematisch behandeln kann. Die Genugtuung für die durch die Sünde verletzte Ehre Gottes musste, so die Schlussfolgerung, durch den Tod eines sündlosen Menschen geschehen, und deshalb – da es diesen ja nicht gab – musste Gott selbst Mensch werden. Triebfeder aller Überlegungen ist also die Ehre Gottes, die jedem wahren Christen ein Herzensanliegen ist oder sein sollte.

Soweit das Prinzip. Ich denke, der Gedankengang ist uns relativ vertraut, aber wir haben vielleicht ein wenig Mühe den Gedanken der „gekränkten Ehre" nachzuvollziehen. Das ist doch sehr offensichtlich mittelalterliches Empfinden; wir kennen mehr die Weiterentwicklung der Satisfaktionstheorie in der Reformation: *Die Sühnopfertheorie.* [18]

Im Gegensatz zur Satisfaktionstheorie, auf der sie im Wesentlichen aufbaut, geht es weniger um verletzte Ehre und Wiedergutmachung, sondern um Schuld und Sühne. Was gleich ist: Wieder muss ein sündloser Mensch die von Gott geforderte Strafe tragen, um die Beziehung zwischen Gott und Mensch wieder herzustellen. Aus einer Frage der Ehre wurde ein Justizfall.

---

[17] http://de.wikipedia.org/wiki/Satisfaktionslehre

[18] http://de.wikipedia.org/wiki/Sühnopfertheologie

Es geht also um die durch die Sünde verursachte Trennung zwischen Gott und Mensch. *Die einzige Möglichkeit für Gott, uns zu vergeben, ist die Begleichung der Schuld.* Die Strafe muss bezahlt werden, bzw. Genugtuung muss geleistet werden. Dazu muss die Schuld des Menschen von einem Menschen getragen werden, der selbst ohne Schuld ist, und deshalb ist die Inkarnation Gottes so wesentlich! Und deshalb, ergänze ich, ist es so wichtig, an der Gottheit Jesu und Seiner Sündlosigkeit vollumfänglich festzuhalten. Die Frage, ob Gott uns nicht einfach durch Sein Wort vergeben könne, wird deutlich und mit allem Nachdruck verneint:

- *Satisfaktionstheorie:* Die Ehre muss durch Genugtuung wiederhergestellt werden, damit Vergebung möglich ist
- *Sühnopfertheorie:* Die Strafe muss bezahlt werden, um vergeben werden zu können

Gerade in dieser pointierten Formulierung können Fragen aufkommen, wie: „Wird vergeben oder beglichen?" oder „Ist Gott jetzt barmherzig oder einfach nur gerecht?" Diese und andere Fragen müssen gestellt werden; jedoch nicht ohne vorauszuschicken, dass man für das Satisfaktionsmodell eine Reihe an biblischen Belegstellen heranziehen kann.[19] Doch das kann man für viele einander widersprechende Lehren.

---

[19] Eine der wichtigsten Stellen in diesem Zusammenhang ist Jes 53,4+10: *„Fürwahr, er hat unsere Leiden getragen, und unsere Schmerzen hat er auf sich geladen. Und wir,* **wir hielten ihn für bestraft***, von Gott geschlagen und niedergebeugt; …* **Doch Jahwe gefiel es, ihn zu zerschlagen***, er hat ihn leiden lassen. Wenn seine Seele das Schuldopfer gestellt haben wird, so wird er Samen sehen, er wird seine Tage verlängern; und das Wohlgefallen Jahwes wird in seiner Hand gedeihen."* Hier ist eine Spannung bemerkbar: *„Wir hielten ihn für … von Gott geschlagen"*, bedeutet nicht, dass Gott Jesus bestrafte, sondern, dass die Umstehenden dachten [!], es sei so. Anderseits *gefiel es Jahwe, Ihn zu zerschlagen"*, was Jahwe als den beschreibt, der Christus aktiv tötet. Allerdings, und das ist sehr wesentlich, lautet Vers 10 in der Septuaginta (LXX) völlig anders, und das war die Version des AT, die von Gott im NT bestätigt wurde: **„Aber der Herr will ihn reinigen von dem Unglücksschlag."** (zitiert nach der **LXX deutsch**, Deutsche Bibelgesellschaft, Stuttgart 2009)

Man kann diese Modelle auch mit folgenden Grafiken zusammenfassen, um die volle Wucht dieser Fragestellung mit einem Blick zu erfassen:

A) Satisfaktionsmodell Anselm v Canterbury 11. Jhdt

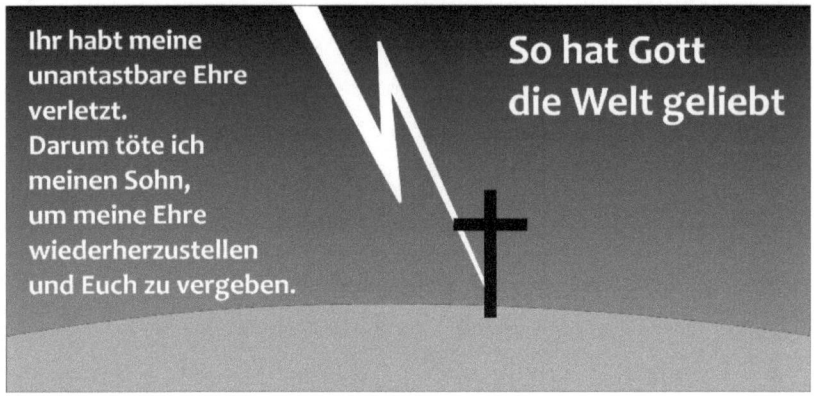

Unabhängig vom Wahrheitsgehalt der gemachten Aussagen, stellt sich doch die Frage: *Was für ein Gottesbild wird hier vermittelt?* Die Weiterentwicklung des Satisfaktionsmodells ist diesbezüglich kaum unproblematischer:

B) Sühnopfermodell (Weiterentwicklung von A)

Ich möchte nun zeigen, in welchen Bereichen die Satisfaktionstheorie und die Sühnopfertheorie zu kurz greifen (nicht gesagt ist damit, dass sie *völlig falsch* sind):

Ungelöste Probleme in der Satisfaktionstheorie

Erst Bezahlung, dann Vergebung?

Wie oben kurz angerissen, ist das ein seltsames Verständnis von Gnade oder Barmherzigkeit. Als der gelähmte Mann von seinen vier Freunden durch das Dach vor die Füße Jesu herabgelassen wurde, verblüffte dieser die im Haus versammelte Menge mit den Worten (Mat 9,2b): *„Sei guten Mutes, Kind. Deine Sünden sind dir vergeben."* Die Menge war sehr irritiert, denn Gott allein habe die Vollmacht, Sünden zu vergeben. Indem der Herr diese Vollmacht ausübte, offenbarte Er sich als Gott, was Er durch die darauf folgende Heilung eindrücklich unter Beweis stellte. Jedoch wo war das Opfer für die Vergebung? Es ist nicht richtig zu sagen, dass Jesus, Seinen Opfertod voraussehend, quasi einen Vorschuss auf Sein Blut gab; denn noch galten der Alte Bund und die Opfer im Tempel. Das war auch nicht die Frage, die die Menge im Haus stellte: *„Du vergibst ohne Opferblut? Wie soll das gehen, bitte?"* Nein, die Vollmacht zur Vergebung liegt bei Gott, und es genügt ein Wort.

In derselben Weise lehrt der Herr auch uns einander zu vergeben (Mk 11,25): *„Und wenn ihr steht und betet, vergebt, wenn ihr etwas gegen jemanden habt, damit auch euer Vater, der in den Himmeln ist, euch eure Übertretungen vergebe."* Fordern wir zuvor Genugtuung oder ein Opfer, ehe wir vergeben? Nein. Braucht Gott Genugtuung oder ein Opfer, um zu vergeben? Achtung, die Frage ist nicht, ob ohne ein Opfer Vergebung möglich sei, sondern ob *Gott* dieses Opfer *braucht* (dazu später mehr)! Im Gleichnis vom unbarmherzigen Knecht (Mat 18,23-35) tritt niemand in die Bresche, um anstelle des hoch verschuldeten Knechtes die Konten zu bereinigen. Der König vergab und blieb auf dem finanziellen Schaden sitzen. Das nur als Hinweis, dass die Satisfaktionstheorie sich mit diesen Beispielen doch erheblich reibt.

Eine Buchhaltungstransaktion?

Wenn Gott es ist, der die Begleichung der Schuld fordert, und Gott selbst es ist, der diese Schuld begleicht, dann wirkt das so, also ob Er Geld aus Seiner linken Jackentasche in Seine rechte Jackentasche steckt. Oder vom Seinem Konto abbucht und auf unseres bucht, damit wir es zurückbuchen können. Die Bezeichnung als „Buchhaltungstransaktion" stammt nicht von mir (ist also keine polemische Verächtlichmachung), sondern wird von einem Apologeten dieses Modells selbst gebraucht.[20] Es ist natürlich Ansichtssache, aber es wirkt schon etwas eigenartig. Eine Konsequenz dieses Verständnisses ist die Vorstellung, dass damit alle Sünden der Vergangenheit, Gegenwart und Zukunft ein für allemal beglichen sind und es daher unmöglich ist, sobald man Christ ist, für irgendeine Sünde jemals wieder belangt werden zu können. Wir haben die Bezahlung aller Sünden unseres Lebens bereits im voraus [!] auf unser Konto überwiesen bekommen.[21] Im Gegensatz dazu macht Christus sehr deutlich, dass Vergebung

---

[20] **Dave Hunt**, im Traktat **„Einmal erlöst, ewig erlöst?"** (Berean Publishers) schreibt: *„Im Griechischen ist das, was Christus da am Kreuz ausrief – es ist vollbracht – ein Fachausdruck der Finanzbuchhaltung mit der Bedeutung: Die Schuld ist vollständig bezahlt."* Anmerkung: Es steht an der Stelle nicht, was wem bezahlt wurde. Wenn man hierunter das Lösegeld versteht, das Gott zu unserer Befreiung aus der Knechtschaft zahlt, erhält das Ganze ein anderes Bild, das nichts mehr mit der Satisfaktion oder mit Buchhaltung zu tun hat.

[21] Dieses Verständnis hat eine diabolische Ähnlichkeit zu den Ablassbriefen, die man erwerben konnte, um sich auch von noch nicht begangenen Sünden freizukaufen – nur dass man behauptet, Christus hätte bereits alles bezahlt, sodass alles (auch im voraus) vergeben sei - alles rechtens! **Luther** protestiert in einem **Brief an den Erzbischof Albrecht von Mainz 1517** folgendermaßen: *„Denn die unglücklichen Seelen glauben infolgedessen, wenn sie nur Ablassbriefe lösen, seien sie ihrer Seligkeit sicher; weiter glauben sie, dass die Seelen ohne*

zurückgenommen werden kann (Mat 18,32-35), dass man aus dem Buch des Lebens herausgestrichen werden kann (Offb 3,5), dass man vom Weinstock abgetrennt und verbrannt werden kann (Joh 15,6). *Das macht aber nur Sinn, wenn die Vergebung von der Begleichung der Schuld unabhängig ist.*

Welcher Aspekt der Schuld wurde beglichen?

Das ist auch eine schwerwiegende Frage, denn der Sold der Sünde ist der Tod (Röm 6,23), und danach folgt das Gericht mit ewiger Konsequenz (Heb 9,27). Um allein leiblich zu sterben, hätte Jesus nicht auf grausamste Weise gefoltert werden müssen, eine Enthauptung hätte der Gerechtigkeit Gottes genüge getan. Die Grausamkeit des Todes wird durch die Satisfaktions- oder Sühnopfertheorie nicht erklärt. Aber die Sünde hat eine ewige Trennung von Gott zur Folge, dieser Aspekt der Sündenstrafe wurde vom Herrn nicht beglichen! Luther meinte zwar aufgrund eines Missverständnisses (der Hades ist nicht die Hölle), Jesus wäre nach seinem Tod in die Hölle hinabgestiegen und dort noch weiter gequält worden,[22] doch

---

Verzug aus dem Fegefeuer fahren, sobald man für sie in den Kasten einlege; diese Ablassgnade sei ferner so kräftig, dass keine Sünde so groß sein könne, dass sie nicht erlassen und vergeben werden könnte, und hätte einer selbst (das sind ihre Worte) die Mutter Gottes geschändet; endlich soll der Mensch durch diesen Ablass frei und los werden von aller Pein und Schuld."
http://www.glaubensstimme.de/doku.php?id=autoren:l:luther:a:brief_luthers_an_den_erz bischof_kardinal_albrecht_von_mainz_begleitbrief

[22] **Luther: Jesus ist für uns in die Hölle gegangen**
Die zunehmende Sicht der *inferna* als „Ort" der Strafe und Verdammnis regt Theologen der beginnenden Neuzeit zu neuen Interpretationen unseres Glaubensartikels an. Sie können jetzt sagen: Jesus ist für uns in die Hölle gegangen! Der, der „für uns zur Sünde gemacht" worden ist (siehe 2. Korinther 5,21), ist für uns auch zum Verdammten geworden. Ihm, dem Guten, ist nichts Böses, kein Fluch und keine Strafe, erspart geblieben. Er hat die Gottverlassenheit freiwillig durchlitten und den „Kelch des Zornes" für uns ausgetrunken. Jedem, der an ihn glaubt, hat er die Strafe der Verdammnis abgenommen. Luther und Calvin bewegen sich in diesen theologischen Gedankengängen. (Auf die Problematik des strafenden Gottes kann hier nicht eingegangen werden)."

selbst das wäre ja nicht die ewige Strafe gewesen, sondern nur ein verschwindend kurzer Zeitraum. Kurz, es erscheint die Strafe bezogen auf den leiblichen Tod selbst überproportional hoch (Folterstrafe statt schlichter Hinrichtung) und bezogen auf die Ewigkeit unendlich gering. *Hier liegt ein Fehler in der Buchhaltung vor.*

Beleidigte Hirten und Väter?

Besonders die Vorstellung der gekränkten Ehre will nicht so recht zu den Gleichnissen passen, mit denen der Herr Jesus uns das Herz des Vaters offenbart. War der Vater des verlorenen Sohnes beleidigt, als dieser mit seinem Erbe davonzog und es verprasste? Saß er schmollend auf der Veranda, bis der Heimkehrer ihm allerdemütigst zu Füßen fiel? Nein! Besser charakterisiert ist Gottes Haltung uns gegenüber mit tiefer Trauer und Hoffnung auf Umkehr; die Freude, mit der Er dem stinkenden Verschwender seines Erbes entgegenlief, belegt deutlich, dass hier keine Spur von gekränkter Ehre zu erkennen ist (Luk 15,11-32). Wie ist es bei dem Hirten, der das hundertste Schaf suchen geht? War er beleidigt, weil es verloren gegangen ist? Nein! Vielmehr war er in tiefer Sorge um das Leben des Schafes (Luk 15,4-7). Sünde bewirkt eine klare Trennung zwischen Gott und uns, denn Gott ist heilig und kann keine Gemeinschaft mit Sünde haben. Doch die Reaktion Gottes auf unsere Sünde ist besser mit Trauer und Sorge umschrieben. Zorn auch, durchaus, aber nicht auf uns, sondern vielmehr auf die Sünde und deren Urheber. Deshalb heißt es auch, der Feuersee ist *für den Teufel und seine Engel* bereitet worden (Mat 25,41), ursprünglich *nicht für uns*. Wir werden jedoch den Zorn Gottes, der auf ihm lastet, teilen, wenn wir mit ihm verbunden bleiben.

---

http://members.aon.at/veitschegger/texte/hinabgestiegen.htm

Wo ist das Thema der Knechtschaft in diesem Modell?

Was in der Satisfaktionstheorie nicht schlüssig untergebracht werden kann, ist die Frage, wie wir aus der Knechtschaft der Sünde und des Teufels befreit werden können. Vergebung alleine befreit nämlich nicht aus der Hand eines Stärkeren (vgl. Jer 31,11), dazu braucht es ein *Lösegeld*. Das ist auch die eigentliche Bedeutung von Erlösung: Ein Loskauf. Damit aber bekommt das Blut Christi einen anderen Schwerpunkt als die Begleichung der Schuld, denn es wird nicht an Gott bezahlt, sondern an den Besitzer der Sklaven. Das ist die These des „klassischen" Modells der Erlösung.

Wo ist Christi Triumph über Satan in diesem Modell?

Gar nicht thematisiert wird der Triumph über Satan und die Mächte der Finsternis (Kol 2,15), denn die ganze Erlösung ist etwas, das sich nur zwischen Gott und dem Sünder abspielt: Er bezahlt unsere Schuld, und damit ist alles erledigt. Warum und wie damit Satan entwaffnet wurde, ist – zumindest für mich – nicht nachvollziehbar.

Diese Fragen zeigen meines Erachtens den großen Schwachpunkt der Satisfaktionstheorie auf, nämlich *die Reduktion des Erlösungswerkes allein auf Vergebung,* basierend auf Modellen und Analogien, die menschlichen Rechtskategorien entlehnt sind (Ehre, Rechtswesen, Buchhaltung) und jeweils mit den Zeitaltern übereinstimmen, in denen sie „entwickelt" wurden (Mittelalter – Ehre, Reformation – Recht, Gegenwart – Buchhaltung [ein recht häufiger Vergleich heutzutage]). All das entspricht in jedem Fall römisch-westlichem Denken, und deshalb klingt es für uns schlüssig und überzeugend. Doch die offenen Fragen, die ich angeführt habe, sind nicht vom Tisch zu wischen und fordern ein besseres Modell zur Erklärung der Erlösung.

Die Klassische Theorie der Erlösung

Ich wiederhole, was ich eingangs gesagt habe: „*Was die Erlösung durch das Blut Christi betrifft, so ist diese eine Tatsache, die im Glauben ergriffen wird; jedoch zugleich ein Handeln Gottes, das unseren Verstand zutiefst heraus- und wohl auch überfordert.*" Darum halte ich es für korrekt, hier von „Theorien" zu sprechen, die uns offen halten sollen, weiter zu denken und zu forschen, wie lang, breit, hoch und tief die Liebe Gottes ist (Eph 3,18-19).

Die klassische Theorie der Erlösung basiert auf dem Begriff Lösegeld und war 1000 Jahre lang die Standardauslegung (bzw. vorherrschende Erklärung) des Opfertodes Christi, bis Anselm von Canterbury seine neue Theorie vorschlug.[23] In jüngerer Zeit wurde sie durch die Arbeit des Theologen Gustaf Aulén in Erinnerung gerufen, der 1931 sein nicht minder bahnbrechendes Werk Christus Victor[24] herausgab. In einem Satz zusammengefasst:

"*The work of Christ is first and foremost a victory over the powers which hold mankind in bondage: sin, death, and the devil.*

(Das Werk Christi ist zuerst und im Wesentlichen ein Sieg über die Mächte, welche die Menschheit in Knechtschaft halten; Sünde, Tod und Teufel.)"[25]

---

[23] Das muss man sich auf der Zunge zergehen lassen: Das ist mehr als die erste Hälfte der Kirchengeschichte! Und in den Ostkirchen wird das Lösegeldmodell weiterhin vertreten. Ich denke, besonders protestantische Christen im modernen Westen sollten von Zeit zu Zeit einmal dessen gewahr werden, dass die Christenheit größer ist, als die Periode von Martin Luther bis heute.

[24] http://en.wikipedia.org/wiki/Christus_Victor

[25] Gustav Aulén (transl. by A. G. Hebert SSM) **Christus Victor: An Historical Study of the Three Main Types of the Idea of Atonement** (London: SPCK, 1931; New York: Macmillan, 1969), p 20 (zitiert auf der eben genannten Wikipedie –Seite)

Der auffälligste Unterschied, der mir sofort ins Auge springt: Gott ist für uns und nicht gegen uns; mehr unser Befreier als unser Richter! In der Satisfaktionstheorie muss Gottes Einstellung uns gegenüber geändert werden, indem Seine Ansprüche (Ehre oder Gerechtigkeit) gestillt werden *ehe* er uns vergeben und annehmen kann. Hier hingegen ist Gottes Einstellung uns gegenüber durchgehend positiv, aber Er muss uns befreien und unser Herz gewinnen, um uns annehmen zu können. *Wir und unsere Einstellung Ihm gegenüber bedürfen der Veränderung.* Doch der Reihe nach, um dieses spannende Thema zu umreißen:

Das Lösegeld

Ein Lösegeld dient dazu, jemanden aus der Gewalt eines anderen freizukaufen, wie es beispielsweise in Jer 31,10-11 heißt: *„Höret das Wort Jahwes, ihr Nationen, und meldet es auf den fernen Inseln und sprechet: Der Israel zerstreut hat, wird es wieder sammeln und es hüten wie ein Hirt seine Herde. Denn Jahwe hat Jakob losgekauft und hat ihn erlöst aus der Hand dessen, der stärker war als er."* Das belegt sehr eindrücklich, dass Gott uns nicht von Sich Selbst erkauft haben kann, sondern dass Er Sich Sein Volk *zurück* erworben hat. Dazu auch Apg 20,28b *„… die Gemeinde Gottes, die er sich durch das eigene Blut erwarb."* Lösegeld an sich – das möchte ich betonen – ist *keine Theorie*, sondern die Bedeutung, die Christus Selbst Seinem Opfertod gegeben hat in Mat 20,28: *„Gleichwie der Sohn des Menschen nicht gekommen ist, bedient zu werden, sondern zu dienen und seine Seele [bzw. sein Leben; ich erinnere an die Identifikation von Blut und Seele in der Schrift] zu geben als Lösegeld*[26] *für viele."* Wir sind also nicht mit Gold oder Silber erkauft worden, sondern mit dem Blut des makellosen Lammes (1.Petr 1.18-19). Das Blut wurde also nicht für Gott gegeben, sondern als

---

[26] Das griechische Wort ist λύτρον, das Mittel, um etwas zu „lösen" (λύω) – ein Lösegeld, mit dem Sklaven freigekauft wurden.

Lösegeld zum Freikauf aus unserer Knechtschaft. Der Unterschied in der Betrachtungsweise ist ziemlich groß.

Das Problem der Knechtschaft

Wenn wir Sünde nur als Beleidigung Gottes oder als zu sühnende Straftat verstehen, *verkennen wir die Gebundenheit*, in die uns die Sünde gebracht hat. Paulus sagt in Röm 6,17, dass wir Sklaven der Sünde waren und in Röm 7,23 führt er aus: *„Aber ich sehe ein anderes Gesetz in meinen Gliedern, das gegen das Gesetz meines Denksinnes Krieg führt und mich nimmt und zu einem Gefangenen des Gesetzes der Sünde macht, das in meinen Gliedern ist."* Diese Gefangenschaft ist real, und mehr noch: Wir haben einen Herrn, den Satan, wie es in Heb 2,14+15 heißt: *„[Christus hat ...] durch den Tod den außer Wirksamkeit gesetzt, der die Macht des Todes hat, das heißt den Teufel, und alle die losmachte, so viele durch Todesfurcht das ganze Leben hindurch einer Sklaverei verfallen waren."*

Vergebung alleine befreit nicht. Wir haben uns durch die Sünde unter die Herrschaft der Finsternis begeben, und es ist notwendig, dass wir aus dieser Herrschaft befreit werden, nicht nur, dass uns unser Ungehorsam vergeben wird! Das Problem Israels in Ägypten, um dieses Vorbild aus dem Alten Testament in das Blickfeld zu rücken, war nicht die Vergebung Gottes, die ihnen fehlte, sondern die Knechtschaft unter dem Pharao. Die Sünde und der Tod beherrschen unser Leben, wie Paulus in Röm 5,14 ausführt, seit der Ursünde Adams: *„Jedoch herrschte der Tod wie ein König von Adam bis Mose auch über die, die nicht mit gleicher Übertretung gesündigt hatten wie Adam."* Diese Gebundenheit ist Folge der Abstammung und prinzipiell *unabhängig von persönlicher Schuld*;[27] Kinder von Sklaven werden in die

---

[27] Die „Erbsünde" bringt uns zwar unter die Gefangenschaft, jedoch erst ab der persönlich zu verantwortenden Sünde werden wir Gott gegenüber rechenschaftspflichtig. Das heißt, die Erbsünde an sich verdammt uns nicht in alle Ewigkeit. Hier herrscht spätestens seit

Sklaverei hinein geboren. Christus aber ist gekommen (Röm 5,21), „*damit geradeso, wie die Sünde im Tode als König herrschte, so auch die Gnade als König herrsche durch Gerechtigkeit zu ewigem Leben durch Jesus Christus, unseren Herrn.*" Das führt uns weiter zu der logischen Konsequenz des Freikaufs:

Ein neuer Herr

Der Herrschaftswechsel ist die *zwingende Folge des Lösegeld-Freikaufs:* In der Satisfaktionstheorie spürt man das Unbehagen, Glaube und Werke in Einklang zu bringen, immer wieder. Denn wenn die Sünde vergeben ist, dann können wir doch dem nichts mehr hinzufügen, folglich können Werke doch unmöglich heilsnotwendig sein. Aber was bedeutet es, freigekauft zu sein? Paulus erklärt es in 1.Kor 6,19-20: „*Oder wisst ihr nicht, dass … ihr euch nicht selbst gehört? – Denn ihr wurdet um einen Preis erkauft. Verherrlicht dann Gott in eurem Leibe und in eurem Geiste, welche Gottes sind.*" Die Lösegeld-Theorie erklärt uns also, warum wir aus Gnade errettet und dennoch zu Gehorsam verpflichtet sind, warum Gnade und Werke kein Gegensatz sind. Das „Buchhaltungsmodell" erklärt es nicht, es reduziert den Glaubensgehorsam auf etwas „Freiwilliges", das man aus Dankbarkeit bringen soll. Im Lösegeld-Modell ist der Herrschaftswechsel harmonisch integriert und nachvollziehbar. Petrus schreibt in 1.Petr 1,18: „*[Heiligt euch] in dem Wissen, dass ihr nicht mit verderblichem, Silber oder Gold, erlöst wurdet von eurer nichtigen, von den Vätern überlieferten Lebensweise.*" Wir wurden nicht nur von der Strafe für die Sünde freigesprochen, sondern von einem nichtigen Lebensstil erlöst!

Augustinus ein verzerrtes Verständnis unter den westlichen Kirchen. Die Ostkirchen dabei allerdings nicht mitgegangen:
http://de.wikipedia.org/wiki/Erbsünde#Positionen_in_den_orthodoxen_Kirchen

Damit ist die Macht der Sünde und des Teufels über unser Leben gebrochen, wie die Macht Pharaos über die Israeliten gebrochen wurde. Paulus betont in Röm 6,22: *„Nun aber, von der Sünde freigemacht aber Gottes leibeigene Knechte geworden, habt ihr eure Frucht zur Heiligung, als Ende [bzw. Ziel] aber ewiges Leben."* Heiligung ist eine logische Konsequenz der Erlösung, sobald man begriffen hat, dass wir aus einer Gebundenheit freigekauft worden sind. Solange wir nur gelehrt bekommen, dass Gott auf uns „böse" ist, weil wir gesündigt haben, aber Er – erst nachdem Jesus alles bezahlt hat – uns vergibt, können wir Heiligung und Gehorsam nicht mehr stimmig in das Evangelium einbauen, sondern behandeln es als etwas von der Erlösung völlig Unabhängiges.

Gezahlt an Satan?

Es steht nirgends so ausdrücklich da, doch an wen zahlt man ein Lösegeld? Zahlen Eltern das Lösegeld für ihre entführten Kinder an sich selbst oder an die Entführer? Die Antwort liegt auf der Hand, aber es wirkt … zumindest seltsam (für uns). Andererseits können wir uns vorstellen, dass Satan höchstes Interesse daran hat, den Sohn Gottes in seine Hände zu bekommen, denn zwei Dinge wissen wir ganz genau: In Luk 4,5-6 lesen wir, dass Satan Macht hat über alle Königreiche der Welt. Warum? Durch die Macht der Sünde und des Todes. Doch aus der Schrift wissen wir genauso gut wie er, dass Jesus in die Welt kommen würde, um die Herrschaft über die ganze Welt anzutreten, wie es in Psalm 2,7-9 verheißen ist: *„Vom Beschluss will ich erzählen: Jahwe hat zu mir gesprochen: Du bist mein Sohn, heute habe ich dich gezeugt. Fordere von mir, und ich will dir zum Erbteil geben die Nationen, und zum Besitztum die Enden der Erde. Mit eisernem Zepter wirst du sie zerschmettern, wie ein Töpfergefäß sie zerschmeißen."* Es ist ein Machtkampf zwischen Gott und Satan, und uns Menschen hat der Satan auf seine Seite gezogen und missbraucht uns als Geiseln in diesem geistlichen Krieg.

Was kann Gott in dieser Situation tun? Gott bietet Seinen Sohn als Lösegeld für die Menschheit! Ein Text aus einem Gleichnis mag uns eine Vorstellung geben, wie Satan empfunden hat, als ihm Jesus „angeboten" wurde; Jesus erzählt in Mat 21,37: *„Hernach sandte er seinen Sohn zu ihnen und sagte: Sie werden vor meinem Sohn Achtung haben! Als aber die Winzer den Sohn sahen, sagten sie untereinander: Dieser ist der Erbe. Auf! Töten wir ihn und behalten wir sein Erbe!"* Nun ist es so, dass die Hohenpriester, die Jesus verurteilt haben, dieses alles nicht verstanden haben; doch wir blicken hinter die Kulissen in Satans Herz: Hier sieht er eine Möglichkeit, Gottes Plan, diese Welt und die Menschheit zurück zu bekommen, *ein für allemal zu vereiteln,* indem Er den Sohn tötet. Dazu ist es aber nötig, dass er den Sohn auch zur Sünde verführt, was er nach Kräften versuchte:

- Indem er Ihm ohne Kreuz die Weltherrschaft anbot (Luk 4,5-6)
- Indem er Ihn durch seinen engsten Vertrauten vom Weg zum Kreuz abzuhalten versuchte (Mat 16,23)
- Indem er Ihn durch Todesfurcht zur Aufgabe nötigen wollte (Mat 26,37-38), durch zermürbende Verhöre, extreme Folter bis zum *„Steig herab vom Kreuz!"* (Mat 27,40).

Weil unser Herr Jesus jedoch durchhielt, wurde Satans Macht über uns gebrochen, denn (Eph 4,8) *„Darum sagt er: Als er in die Höhe aufgestiegen war, führte er Gefangenschaft gefangen und gab den Menschen Gaben."* Christus wurde also in die Hände Satans überliefert, überwand ihn und führte die Gebundenen als die Seinen heraus. Das erklärt uns nun die überaus große Grausamkeit Seines Todes, die ein Ausdruck des abgrundtiefen Hasses Satans auf den Sohn ist.

Triumph über Satan und die Finsternis

Weil Jesus ohne Sünde war, konnte der Tod Ihn nicht halten, und der Vater weckte Ihn als Sieger aus dem Tod auf; und uns mit Ihm, sobald wir mit Seinem Tod und Seiner Auferstehung einsgemacht wurden in der Taufe (Röm 6,1-23). Darum schreibt Paulus in Kol 2,13-15: *„Auch euch, die ihr tot wart in den Übertretungen und der Unbeschnittenheit eures Fleisches, machte er lebend zusammen mit ihm; Er vergab uns nämlich gnädiglich alle Übertretungen; das gegen uns lautende Schreiben mit seinen Bestimmungen, das uns entgegenstand, hatte er <nämlich> ausgelöscht, und er hat es aus der Mitte weggenommen, da er es ans Kreuz nagelte; den Erstrangigen und Autoritäten hatte er seinetwegen alles abgenommen, und er hatte sie ausgezogen und stellte sie in Freimut öffentlich zur Schau; an ihm hatte er über sie triumphiert."*

Wohlgemerkt: Vergebung ist wesentlich, denn als Knechte Satans und der Sünde haben wir laufend und zwanghaft Gottes Gesetz übertreten! Doch *Vergebung ohne Befreiung von diesem Zwang löst das Problem nicht,* vielmehr – und das sei Ferne, ruft Paulus aus! – würde Christus zu einem Diener der Sünde gemacht werden, wenn wir weiter in der Sünde leben (Gal 2,17). Im Hebräerbrief wird ebenfalls auf diesen Sieg Bezug genommen (Heb 2,14): *„Da also die Kinder Fleisches und Blutes teilhaftig geworden sind, nahm auch er in gleicher und uns nahekommender Weise an demselben teil, damit er durch den Tod den außer Wirksamkeit setzte, der die Macht des Todes hat, das heißt den Teufel, und alle die losmachte, so viele durch Todesfurcht das ganze Leben hindurch einer Sklaverei verfallen waren."* Daher der Titel von Gustaf Auléns Buch Christus Victor, der Sieger Christus.

Mit dem Blut ins Heiligtum

Weil Christus nicht im Tode gehalten wurde, kam das Lösegeld zurück zu Gott; d.h. Satan steht mit leeren Händen da und ist auf allen Fronten besiegt (Heb 9,11-12): *„Aber Christus, gekommen als Hoher Priester der guten Dinge, die kommen sollten, ging ein vermittelst des größeren und vollkommeneren Zeltes, eines nicht mit Händen gemachten, das heißt, nicht von dieser Schöpfung, noch vermittelst des Blutes von Ziegen und Kälbern, aber* *vermittelst des eigenen Blutes; ein für alle Mal ging er ein in das Heiligste, nach dem er sich eine ewige Erlösung [= „Loskaufung"] zuwege gebracht hatte."* Dieses Blut spricht in der Gegenwart Gottes für uns, es ist das Blut der Versöhnung und der Sühnung, aber ein Hauptzweck liegt auch in der Reinigung (Heb 9,14): *„Wie viel mehr wird das Blut des Christus, der durch einen ewigen Geist sich selbst ohne Tadel Gott darbrachte, euer Gewissen reinigen von den toten Werken, dem lebenden Gott obliegenden Dienst zu tun."* Reinigung und Vergebung hängen eng zusammen, dennoch ist Vergebung ohne Reinigung nur eine halbe Sache. Das Blut Christi vergibt uns nicht nur die Sünde, es reinigt uns von aller Untugend (1.Joh 1,7-9), womit die Macht der Sünde über uns gebrochen wird und auch der „Geruch" der Sünde von uns entfernt wird.

Der Schwerpunkt liegt auf der Versöhnung statt auf der Vergeltung

Der Begriff für Sühne hat zwei Bedeutungen: Sühne und Versöhnung;[28] ich denke es hat einen Sinn, wenn der große Feiertag Yom Kippur[29] als Versöhnungstag[30] übersetzt wird und nicht als „Sühnetag" oder gar „Vergeltungstag", denn das Ziel ist die Versöhnung. Das gibt dem Opfer eine andere Note: Nicht Gottes Herz uns gegenüber musste geändert werden (weil er aufgrund unserer Sünde „in Seiner Ehre verletzt" war), sondern wir mussten verändert werden; befreit von unserer Bindung an die Sünde, gereinigt von unserem sündigen Wesen, um annehmbar gemacht zu werden.

Wie bereits gesagt, Vergebung geschieht ganz einfach durch ein Wort. Aber Versöhnung, Wiederherstellung, Reinigung, Befreiung ist ohne Blut nicht

---

[28] Gr. ἱλασμός – Sühne, Versöhnung (Menge) - z.Bsp in 1.Joh 2,2

[29] Kippur (כפר)= Versöhnung, von (כפר) bedecken, befrieden, auslöschen, versöhnen …

[30] Septuaginta: ἡμέρα ἐξιλασμοῦ (Stamm von ἱλασμός)

möglich. Darum gibt es keine Vergebung (mit Versöhnung und Reinigung) ohne Blutvergießen (Heb 9,22): *„Und fast alles wird mit Blut gereinigt, dem Gesetz entsprechend, und ohne Blutvergießen geschieht nicht Vergebung."* Paulus beschreibt den Dienst des Evangeliums mit folgenden Worten (2.Kor 5,14-19): *„Denn die Liebe des Christus drängt uns, nachdem wir zu diesem Urteil gelangt sind: Wenn einer für alle starb, dann starben alle. Und er starb für alle, damit die Lebenden nicht länger für sich selbst leben möchten, sondern für den, der für sie starb und erweckt wurde [= Herrschaftswechsel]. Somit kennen und beurteilen wir von nun an niemanden nach dem Fleisch. Auch wenn wir Christus nach dem Fleisch gekannt haben, kennen wir ihn nun jedoch nicht mehr auf diese Weise. Somit ist einer, wenn er in Christus ist, ein neues Geschöpf. Das Alte verging. Siehe, alles ist neu geworden! – alles aber aus Gott, der uns durch Jesus Christus mit sich selbst versöhnte, als er ihnen ihre Übertretungen bei sich nicht in Rechnung stellte, und das Wort von der Versöhnung legte er nieder in uns."*

Das ursprüngliche Verständnis

1000 Jahre lang war dies die gängige Erklärung *„für das Wunder das geschah, dort am Kreuz auf Golgatha, als Er starb, damit ich leben kann."*[31] Ein paar Zitate zur Illustration möchte ich an dieser Stelle vorstellen:

Irenäus (gest. um 200 n.Chr.), AdvHaer V,1: *„So haben wir zur vorherbestimmten Zeit durch Vermittlung des Wortes, das in allem vollkommen ist, empfangen, dass er als das allmächtige Wort und wahrer Mensch mit seinem Blute uns rechtmäßig erlöst und sich zum Lösegeld für die hingegeben hat, die in die Gefangenschaft geführt waren. Da also die Herrschaft der Apostasie über uns nicht zu Recht bestand und wir von Natur des allmächtigen Gottes*

---

[31] Aus dem Lied „Sing mit mir ein Halleluja"

Eigentum waren, er [Satan] also wider die Natur uns ihm entriss, indem er uns zu seinen Jüngern machte ..." [32]

Gregor von Nyssa (gest. 394 n.Chr.), Große Katechese Kp 22,1 und 23,2 *"Worin zeigt sich nun bei unserem Geheimnisse die Gerechtigkeit Gottes? Darin, dass er sich gegen den Satan, der uns in Besitz genommen hatte, nicht gleichsam tyrannischer Gewalt bediente und ihm, obgleich er den Menschen nur durch sinnliche Lust sich unterworfen hatte, einen gewissen Rechtsanspruch zugestand und infolgedessen uns ihm nicht auf Grund seiner Übermacht entriss.*[33] *... Da demnach der Feind des Menschengeschlechtes diese große Macht an jenem sah, erkannte er, daß er bei einem Tausche mehr bekommen könnte, als was er besaß. Deshalb wählte er sich ihn als Lösegeld für die in der Todeshaft Gefangenen. ... Sein Wille, uns zu retten, ist ein Zeugnis für seine Güte, die Erlösung des Geknechteten auf dem Wege des Tausches ein Zeichen seiner Gerechtigkeit, die geschickte Zugänglichmachung des Unzugänglichen für den Feind ein Erweis der höchsten Weisheit."* [34]

Basilius von Cäsaräa (gest. 379 n.Chr.), Ausgewählte Briefe LXXIX, Kp 2: *"Wenn nun die Ankunft des Herrn im Fleische nicht erfolgt ist, dann hat der Erlöser dem Tode das Lösegeld für uns nicht gegeben, und nicht durch sich die Herrschaft des Todes vernichtet. Denn wenn das, was unter der Herrschaft des Todes stand, etwas anderes wäre als das vom Herrn Angenommene, so hätte der Tod in seinen Wirkungen nicht aufgehört, die Leiden des gotttragenden Fleisches hätten uns keinen Gewinn gebracht, die Sünde im Fleische hätten sie nicht getötet, die in Adam Gestorbenen wären nicht in Christus lebendig gemacht worden, das Zerfallene wäre nicht wieder aufgerichtet, das*

---

[32] http://www.unifr.ch/bkv/kapitel717.htm

[33] http://www.unifr.ch/bkv/kapitel2376.htm - dass der Teufel ein „Recht" auf das Lösegeld hatte, ist wohl eine Übertreibung des Schreibers.

[34] http://www.unifr.ch/bkv/kapitel2377-1.htm

Zerbrochene nicht wieder hergestellt und das durch den Betrug der Schlange Gott Entfremdete nicht wieder ihm zugeeignet worden." [35]

Rufin von Aquileia (gest. ca. 411 n.Chr.), Kommentar zum Apostolischen Glaubensbekenntnis, Kp 13: *"Gleichwie also ein Fisch, wenn er eine mit Speise verdeckte Angel (Haken) erfaßt, nicht nur die Speise vom Haken nicht löst, sondern auch selbst aus der Tiefe hervorgezogen wird, um dann Andern zur Speise zu dienen: so hat auch Derjenige, welcher die Herrschaft des Todes besaß, den Leib Jesu im Tode zwar an sich gerissen, ohne aber zu merken, daß in demselben der Angelhaken der Gottheit eingeschlossen war; sondern da er verschlang, blieb er selbst für immer hängen und wurde, nachdem die Schranken der Hölle zersprengt waren, wie aus der Tiefe hervorgezogen um Andern zur Speise zu werden."* [36]

Ich halte fest:

- Im Satisfaktionsmodell geht es um die Wiederherstellung der Ehre Gottes, indem Er selbst als Mensch durch den Gehorsam bis zum Tod am Kreuz Genugtuung leistete.
- Im Sühnopfer-Modell wird der Schwerpunkt von der Ehre auf die Strafe der Sünde gelegt, den Rechtsansprüchen Gottes musste genüge getan werden, indem Er als Mensch die Strafe tilgte. Dazu nochmals die Grafiken:

---

[35] http://www.unifr.ch/bkv/kapitel2579-2.htm

[36] http://www.unifr.ch/bkv/kapitel3499-12.htm

Es könnte uns aber auch folgender Gedanke noch stutzig machen: *Wer hat Interesse daran, dass seine Niederlage unter den Tisch gekehrt wird?* Dass das Problem der Sünde einzig als Konflikt zwischen Gott und Mensch dargestellt wird? Dass kein Wort über die Befreiung aus der Knechtschaft der Sünde verloren wird, dafür viel von Vergebung gesprochen wird? Ich vermute, dass Satan mit solch einem Evangelium kein Problem hat, denn *er verhöhnt dadurch Christus als den ewigen Sündenvergeber,* während die Christen immer noch glauben, „nichts als arme Sünder zu sein, die gar nicht anders könnten als zu sündigen"[37]. Also kann er sich rühmen, immer noch die Macht über die Menschen zu haben. Ein gewagter Gedanke? Zu gewagt? Oder trifft dies nicht vielmehr mitten ins Schwarze?

- Im Lösegeldmodell geht es um die Befreiung der Menschen aus der Knechtschaft von Sünde, Tod und Teufel durch ein Lösegeld, um den am Kreuz errungenen Triumph über die Mächte der Finsternis, unsere Reinigung und unser neues Leben unter der Herrschaft des Sohnes Gottes, der uns erkauft hat. Grafisch verdeutlicht:

C) Lösegeldmodell ("Christus Victor") 2.-11. Jhdt

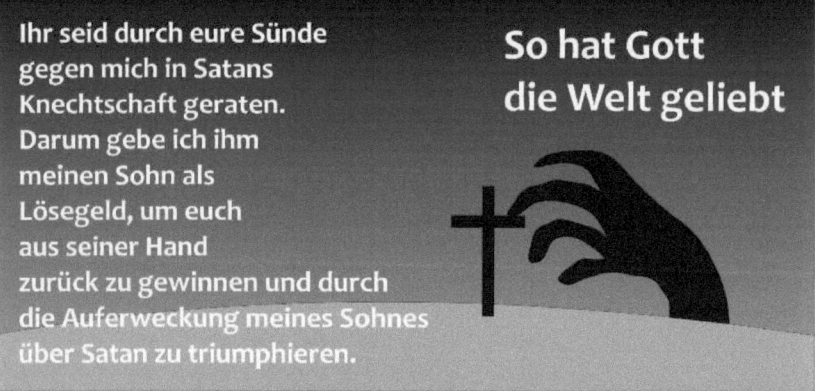

Ich bin der Meinung, dass das Lösegeldmodell um ein Vielfaches reicher und vollständiger zusammenfasst, was uns im Neuen Testament mitgeteilt wird. Vor allem auch, dass in dieser Sicht das Problem, wie Gnade und Werke zusammenpassen, stimmig und nachvollziehbar gelöst wird, spricht dafür. Ich glaube nicht, dass die Modelle einander kategorisch ausschließen; das Satisfaktionsmodell spricht sehr wohl Themen an, die wichtig sind: Schuld und Sühne, sowie die Ehre Gottes. Aber als das

---

[37] „Simul iustus et peccator" – Wir seien zugleich Gerechte und Sünder, lehrte Martin Luther. Damit setzt sich der dritte Teil dieser Broschüre eingehend auseinander.

primäre oder alleinige Modell der Erlösung greift es einfach zu kurz und zeichnet ein sehr einseitiges Bild von Gott.

Das Studium von „Modellen" darf freilich das Studium der Schrift nicht ersetzen, andererseits dürfen und sollen wir von den Einsichten aller Heiligen profitieren, um mit ihnen gemeinsam zu erfassen, was die Breite, die Länge, die Höhe und die Tiefe der Liebe Gottes ist.

DAS EVANGELIUM IM LICHT DES EXODUS

„Alle Schrift ist gottgehaucht und nützlich zur Lehre", schreibt Paulus (2.Tim 3,16), doch was er dabei vorrangig im Blick hat, sind die Schriften, mit denen Timotheus von Kindheit an vertraut war, und das sind die Schriften des *Alten* Bundes, *„die dich weise machen zum Heil durch den Glauben, der in Christus Jesus ist."* (2.Tim 3,15)[38] Während wir gewöhnt sind, gleich mit dem Johannesevangelium zu beginnen, war Paulus gewöhnt, das Evangelium vom Alten Testament her zu verkünden.

Zu den zentralsten Schriften gehört die Thora, und in der Thora ist ein Hauptthema der Exodus (Auszug) aus Ägypten. Das „Drama der Errettung" aus der Hand eines übermächtigen Pharao, der lange Marsch durch die schier endlose Wüste, der triumphale Eroberungszug unter Josua – *„Alle diese Dinge widerfuhren jenen als Vorbilder. Sie wurden aufgezeichnet zu unserer Ermahnung, zu denen die Enden der Weltzeiten gelangten."* (1.Kor 10,11) Darum ist es gut und nützlich und trägt auch zu unserer Vollendung bei, wenn wir den Weg des Heils im Licht des Exodus betrachten. Daher drängt es sich geradezu auf, den Gedanken des Paulus und anderer Apostel in ihren Briefen zu folgen.

Die drei Aspekte der Errettung

Bevor wir in den Text einsteigen, möchte ich thesenartig die drei Aspekte der Errettung, die wir aus dem Exodus ableiten können, mit dem Evangelium in Verbindung bringen. Das deshalb, weil diese Grundlage wichtig

---

[38] Natürlich sind auch die neutestamentlichen Schriften in derselben Weise inspiriert und nützlich, doch der Kontext weist uns auf die Schriften des Alten Bundes zurück, die von uns oft sträflich vernachlässigt werden.

ist, um den Gedanken des Paulus später folgen zu können. Dabei möchte ich die Grafik aus der Einleitung in Erinnerung rufen:

ERRETTUNG

Sünde	ERLÖSUNG ▶	BEWAHRUNG ▶	VOLLENDUNG ▶
Knechtschaft	Anfechtungen	Gehorsam	Ruhe, Erbe,
Finsternis	Kämpfe	Treue	Verherrlichung
Verdammnis	Bewährung	Ausharren	ewiges Leben

        Bekehrung   Nachfolge   Auferstehung

Vergangenheit

Die Errettung aus der Macht und dem Machtbereich des Pharao steht am Beginn und liegt in der Vergangenheit, sobald das rote Meer durchschritten ist. Nur das allererste Passah hatte die Macht und den Zweck, die Erstgeburt zu bewahren – alle folgenden Passahfeste, riefen dieses Ereignis als *ein für allemal geschehen* in Erinnerung. Im Evangelium gibt es ebenso diesen Aspekt der bereits *ein für allemal geschehenen Erlösung* durch das wahre Lamm Gottes und der einmaligen Bekehrung und Taufe. Das liegt hinter uns, sobald wir uns „durch das Wasser hindurch" aus der Macht der Finsternis haben retten lassen. *Das ist ein unwiderrufliches und vollkommenes Werk, die Erlösung. Doch die Errettung ist weit mehr als das.* [39]

---

[39] Da jedoch jeder Teilaspekt der Errettung in der Schrift selbst auch als Errettung bezeichnet werden kann (und wird), ergibt sich eine gewisse Begriffsunschärfe, wenn man das Konzept nicht begriffen hat. Wenn also gesagt wird: „Wir sind errettet", so darf uns die Bestimmtheit dieser Aussage nicht den Eindruck vermitteln, als sei der Weg der Errettung bereits abgeschlossen. Vielmehr beziehen sich solche Aussagen auf den ersten Teil, nämlich die Erlösung, oder auf eine konkret überstandene Gefahr.

Gegenwart

Damit begab sich Israel auf eine Reise in das gelobte Land, auf der ihr Glaube vielfältig geprüft wurde. Sie litten Hunger und Durst, wurden von feindlichen Völkern angegriffen und erfuhren die Rettung Gottes auf täglicher Basis, indem Er ihnen Manna aus dem Himmel und Wasser aus dem Felsen gab, damit sie in der Wüste überleben konnten; und indem Er ihnen den Sieg über Amalek durch die Fürbitte des Moses schenkte. Gleichzeitig wurde das Bundesverhältnis zwischen Gott und Seinem Volk durch das Gesetz definiert, zu dessen Einhaltung sich die Israeliten *freudig* verpflichteten.

Auch wir leben von der täglichen Rettung Gottes, denn auch wir sind – geistlich gesprochen – auf dem Weg durch die Wüste in das gelobte Land. Das Manna aus dem Himmel, der geistliche Trank und die geistliche Speise, dies alles hat seine neutestamentliche Entsprechung; und ohne diese tägliche Rettung Gottes würden wir – wie die Israeliten – in der Wüste verschmachten. Ganz ehrlich: Dieser Aspekt der Errettung ist uns oft nicht bewusst, oder? Ebensowenig, dass unser Bundesverhältnis zu Gott nicht ohne Gesetz besteht, denn das Gesetz Gottes wurde durch den Heiligen Geist auf unsere Herzen geschrieben; darum ist auch unsere Beziehung zu Gott auf Gehorsam angewiesen, um lebendig zu bleiben.

Zukunft

Erst am Ende der vierzig Jahre, nachdem eine ganze Generation in der Wüste umkam, erreichten sie den Jordan und wurden durch Josua ins gelobte Land hinübergeführt. Nur in der Kraft Gottes war es ihnen möglich, das Erbe zu erobern. Sie wurden also zuletzt in das Land

„hineingerettet".[40] Die endgültige Errettung liegt auch für uns noch in der Zukunft, wenn wir den Lauf vollendet haben und dann – gemeinsam – auferweckt in das Königreich Gottes gelangen werden. Darum ist Israel mit Josua auch noch nicht wirklich „zur Ruhe eingegangen", wie der Hebräerbrief (Kap 3-4) deutlich macht.

Der Grund, aus dem es überaus wichtig ist, diesen Aufbau zu verstehen, ist der, dass das landläufige Verständnis des Evangeliums meistens darauf reduziert ist, dass die Sünden vergeben und der Himmel deshalb sicher sei.[41] Uns entgeht dadurch zweierlei: Die Gefahren der Wüste, und wie Gott dafür sorgt, dass wir das Ziel erreichen, *wenn* … ja, es gibt eine wesentliche Bedingung: *wenn* wir den Bund mit ihm bewahren. Gerade die Wüstenwanderung wird im Neuen Testament als Mahnung zum Festhalten und zur Glaubenstreue herangezogen, und wir tun gut daran, diese Mahnungen zu beachten, damit wir nicht leichtsinnig werden auf dem Weg.

---

[40] Mit dem Buch Josua beginnt ein neuer „Erzählbogen", und man kann, wenn man will, den Durchzug durch den Jordan auch mit dem Durchzug durch das Rote Meer parallel setzen; in etwa so, wie im Mehrfarbendruck zuerst Blau (cyan), dann Gelb, dann Rot (Magenta) und dann Schwarz übereinander gedruckt werden. Erst durch die Zusammenschau der vielen Bilder und Geschichten des AT ergibt sich ein „vollfarbiger" Eindruck vom Evangelium, das in Christus die Vollendung erfuhr.

[41] Basierend auf der Überlegung, alle Sünden der Vergangenheit, Gegenwart und Zukunft seien bereits bezahlt; so auch in dem Traktat von Dave Hunt **Einmal erlöst, ewig erlöst?** (Berean Publishers): *„Erlösung ist die vollständige, gnädige Vergebung der Strafe für alle Sünden, und zwar vergangene, gegenwärtige, zukünftige."* So kann nur schreiben, wer das Vorbild des Exodus für das Evangelium nicht verstanden hat, weshalb es so unbedingt notwendig ist, das Bild zurecht zu rücken.

Unser Passa ist geschlachtet

Luk 22,7+14-20: *„Es kam derjenige Tag der ungesäuerten Brote, an dem das Passa geschlachtet werden musste ... Und als die Stunde kam, legte er sich zu Tisch – und die zwölf Apostel legten sich zusammen mit ihm zu Tisch. Und er wandte sich an sie und sagte: Mit großer Sehnsucht begehrte ich, dieses Passa mit euch zu essen, ehe ich leide, denn ich sage euch: Ich werde davon auf keinen Fall mehr essen, bis dass es erfüllt sein wird im Königreich Gottes. Und er nahm einen Becher in Empfang, dankte und sagte: Nehmt diesen und teilt ihn unter euch – denn ich sage euch: Ich werde auf keinen Fall mehr von dem Erzeugnis des Weinstocks trinken, bis dass das Königreich Gottes gekommen ist. Und er nahm das Brot, dankte, brach und gab ihnen und sagte: Dieses ist mein Leib, der für euch gegeben wird. Dies tut immer wieder zu meinem Gedenken! Ebenso nahm er auch den Becher nach dem Mahl und sagte: Dieser Becher ist der neue Bund in meinem Blut, das für euch vergossen wird."*

Wir befinden uns am Übergang vom Alten zum Neuen Bund. Die Passafeier, nach dem Gesetz gefeiert, weist noch zurück auf den Exodus; der wiederum schaut nach vorne auf dessen Erfüllung in Christus. Der Alte Bund antizipiert, erwartet sehnsüchtig den Neuen Bund, so wie Christus sich nach diesem besonderen Passa gesehnt hat. Es ist etwas Besonderes, wenn wir im Gesetz lesen, wie das Passa gefeiert werden sollte (2.Mose 12,11): *„Und also sollt ihr es essen: Eure Lenden gegürtet, eure Schuhe an euren Füßen und euren Stab in eurer Hand; und ihr sollt es essen in Eile. Es ist das Passah Jahwes."* Der Herr und Seine Jünger jedoch legten sich (wie alle Israeliten seit dem Exodus) zu Tisch und hatten Muße zum Gespräch.

Das erste Passa ist das Entscheidende, denn da wurde das rettende Blut vergossen und auf die Torpfosten gestrichen; da war alles aufbruchbereit. Sobald Ägypten dahinten lag, ist weder Eile, noch Angst vor dem Würgeengel nötig, sondern es ist *ein Fest der Rückschau* und – was den meisten aber entging – *ein Fest der Vorschau* auf das wahre Lamm Gottes

(Jes 53). Das Niederlegen zu Tisch kann also auch das Vergessen auf die Zukunft andeuten; wobei der Herr selbst sich zu ihnen herab begibt (auch Er liegt zu Tisch), um in ihnen eine Aufbruchsstimmung zu wecken.

Auch in diesem Dialog gibt es (mittlerweile) Vergangenes, Gegenwärtiges und Zukünftiges. Denn unser Passa ist bereits geschlachtet worden (1.Kor 5,7), bis ins Detail der Prophetie hinein, dass ihm kein Knochen zerbrochen werden sollte (Joh 19,36)! Gegenwärtig brechen wir wöchentlich an jedem Auferstehungstag das Brot in Erwartung Seiner Wiederkunft,[42] denn die Erfüllung des Passa liegt in der Zukunft, im Hochzeitsmahl des Lammes.

Folgende Anwendungen werden aus dem Passah für die Gemeinde heute gezogen: Petrus schreibt in 1.Petr 1,13-14+19: *„Deshalb umgürtet die Lenden eures Denkens und als Nüchterne setzt dann eure Hoffnung gezielt und vollkommen auf die Gnade, die euch gebracht wird in der Offenbarung Jesu Christi, und, wie Kinder des Gehorsams, formt euch nicht nach dem Schema eurer früheren Lüste ... denn ihr seid erkauft mit dem kostbaren Blut als eines tadellosen und fleckenlosen Lammes, dem Blut des Christus."* Aus den umgürteten Lenden aus dem Gesetz des Passa werden die umgürteten Lenden unseres Denkens!

Wir sollen also eine Aufbruchsstimmung bewahren und uns geistlich nicht niederlegen, denn wir warten auf die Offenbarung Christi! Der zukünftige Aspekt der Erlösung soll uns daher ebenso vor Augen stehen wie der vergangene Aspekt; nüchternes Überlegen soll uns den Wert der Gnade und die Notwendigkeit, ein Heiliges Leben zu führen, bewusst machen.

---

[42] **Apg 20,7** beschreibt das Versammeln am 1. Tag der Woche in einer Weise, die bereits einen festen Brauch voraussetzt. Doch auch die frühesten Zeugen des Christentums (**Didaché** und **Barnabasbrief,** zw. 70 und 90 n.Chr.) bestätigen das sonntägliche Brotbrechen.

Paulus betont dies in ähnlicher Weise, aufgrund eines unerfreulichen Anlasses: Es gab schwere Sünde in der Korinther Gemeinde, weshalb er in 1.Kor 5,7-8 fordert: *"Fegt also den alten Sauerteig aus, damit ihr ein frischer Teig seid, denn auch unser Passa wurde für uns geopfert: Christus, daher sollten wir das Fest nicht mit altem Sauerteig feiern, nicht mit Sauerteig der Schlechtigkeit und des Bösen, sondern mit dem ungesäuerten Brot der Wahrheit."* Das Fest der ungesäuerten Brote hatte also eine geistliche Bedeutung, nämlich unsere Heiligkeit. Es ist also keineswegs egal, wie wir Sonntag für Sonntag zum Tisch des Herrn gehen! Die höhere Frequenz, nämlich wöchentlich statt einmal im Jahr am 14. Nisan, sollte uns daher ermuntern, *täglich mit "umgürteten Lenden unseres Denkens"* zu leben.

Das Schlachten des Passa stand also am Anfang des Exodus; es war die letzte der 10 Plagen, die den Pharao in die Knie zwingen sollte, um das Volk Gottes ziehen zu lassen. In derselben Weise wurde Satan durch das Kreuz und die Auferstehung Jesu bezwungen, um uns freizugeben und mit Jesus ziehen zu lassen. Lasst uns also mit Ihm aufbrechen!

Der Durchzug durchs Meer

1.Kor 10,1-2: *"Ich will nicht, dass ihr darüber in Unkenntnis seid, Brüder, dass unsere Väter alle unter der Wolke waren und alle durch das Meer hindurchgingen und alle auf Mose getauft wurden – in der Wolke und in dem Meer."*

Nach dem Passa zog Israel aus Goschen[43] zur Grenze Ägyptens am Meer, und kurz danach wurden sie von Pharaos Streitmacht grimmig verfolgt. Am Ufer des Roten Meeres sank ihnen der Mut, doch Gott teilte das Wasser und sie zogen trockenen Fußes hindurch. Als die Streitwagen des

---

[43] Das fruchtbare Land im Nildelta, wo die Israeliten seit Joseph siedelten.

Pharao nachsetzten, ließ der Herr das Wasser zurückkommen und sie ertranken in den Fluten.⁴⁴ Das ist ein Highlight in jeder bunt illustrierten Kinderbibel, und fordert jedes Special-Effects-Team bei Bibel-Verfilmungen gewaltig heraus. Aber viel bedeutender ist, was es mit uns zu tun hat!

Paulus will, dass wir das verstehen, und deshalb verbindet er den Durchzug des Alten Bundes mit der Taufe im Neuen Bund. Das ist überaus nahe liegend, denn die zwei großen Beispiele der Rettung – Noah in der Sintflut und der Durchzug Israels durchs Meer – sind beide Rettungen durch das Wasser hindurch. Petrus zieht die Parallelen zwischen Noah und der Taufe (1.Petr 3,21), Paulus tut dasselbe mit dem Durchzug durch das Rote Meer.⁴⁵ Meer und Wolke haben ihre Entsprechung zur Taufe mit Wasser und Heiligem Geist; der Name Mose entspricht dem Namen Jesu, auf den wir getauft wurden.

Viel Uneinigkeit herrscht unter Christen über Platz und Stellenwert der Taufe in Bezug zur Errettung, doch die Antwort darauf ist verblüffend einfach und eindringlich: Das Opfer Jesu und die Taufe verhalten sich so zueinander wie das Passalamm und der Durchzug durchs Rote Meer!⁴⁶

---

⁴⁴ Ich teile die Sicht, dass der Durchzug durchs Rote Meer am Golf von Aqaba stattfand, und der Berg Sinai dementsprechend im Land Midian liegt, das aber im Nordwesten Arabiens zu suchen ist und nicht auf der Sinaihalbinsel. Vgl. Dazu das empfehlenswerte Buch von Dr. Lennart Möller **Die Akte Exodus** (Inner Cube, D-40605 Düsseldorf, 2010)

⁴⁵ Folgende Beispiele dafür, dass bei entscheidenden Neuanfängen Wasser und Geist stehen, bieten sich noch an, ohne im NT ausgeführt zu sein: Der Geist Gottes schwebte über den Wassern, ehe das trockene Land hervorkam. Die Schöpfung wurde gewissermaßen aus der Taufe gehoben. Als Gott Adam schuf, formte er vom Tau befeuchtete Erde und blies Seinen Geist in ihn hinein – wieder Wasser und Geist, ein Sinnbild für die Taufe. Die Taube, die Noah von der Arche aussandte, um das Land zu finden, ist das Sinnbild des Geistes zum Wasser der Flut.

⁴⁶ Ich denke, dass selbst der Name „Rotes Meer" ein Sinnbild für das Blut Jesu ist.

Warum war der Durchzug durchs Rote Meer so notwendig für die Errettung? Weil sie erst dadurch von der Macht des Pharao getrennt wurden. Es sind Wasser des Todes, welche die Knechtschaft ertränkt haben.

Die Taufe ist in derselben Weise notwendig, um einer anderen Knechtschaft zu entfliehen, nämlich der Macht der Sünde (Röm 6,1-4+6): *„Was werden wir also sagen? Werden wir bei der Sünde verbleiben, damit die Gnade zunehme? Das sei fern! Wie werden wir, die wir der Sünde starben, noch in ihr leben? Oder seid ihr in Unkenntnis dessen, dass so viele von uns, die wir auf Christus Jesus getauft wurden, wurden auf seinen Tod getauft? Wir wurden also mitbegraben mit ihm durch die Taufe in den Tod, damit, gleichwie Christus von den Toten erweckt wurde durch die Herrlichkeit des Vaters, so auch wir in Neuheit des Lebens wandelten. … Von diesem in Kenntnis, dass unser alter Mensch mitgekreuzigt wurde, damit der Leib der Sünde außer Wirksamkeit gesetzt sei, damit wir der Sünde nicht länger Leibeigenendienst zu leisten hätten."*

Beim Durchzug durchs Rote Meer starb die Knechtschaft in Form des Pharao; bei unserer Taufe stirbt die Knechtschaft, indem wir der Sünde sterben. Der Pharao wird so zu einem Sinnbild des Gesetzes der Sünde in unserem Fleisch (Röm 7,23). Wir werden aber nicht nur von der Sünde befreit, sondern auch von der Macht der Welt, denn durch das Kreuz ist *„mir die Welt gekreuzigt worden, und ich bin der Welt gekreuzigt worden."* (Gal 6,14b) Somit liegt nach der Taufe auch unser „Ägypten" hinter uns.

Warum aber durch die Taufe? Weil das Passalamm *das eine* und der Durchzug durch das Meer *das andere* ist. Wo Gott eine Unterscheidung macht, können wir die Unterscheidung nicht aufheben. Auf die Taufe zu verzichten hieße, das Volk Israel bliebe am Strand des Meeres stehen und hoffte darauf, dass dem Pharao in seiner Verfolgungsjagd die Luft ausgehe.

Der Glaube an das Blut Jesu allein macht uns noch nicht zu neuen Menschen, wir müssen *mit Tod und Auferstehung Christi eingemacht* werden. Die Heilige Schrift lehrt keinen anderen Weg als den, durch Wasser und Geist auf den Namen Jesu getauft zu werden.

Die Errettung erschöpft sich nicht im Passalamm, das ein für allemal zur Erlösung geschlachtet wurde, sondern wir selbst müssen auch innerlich von dem Gesetz der Knechtschaft der Sünde befreit werden, indem wir in Christus aus der Sklaverei „hinaussterben" und in ein neues Leben hinein auferstehen. Doch damit sind wir erst am Beginn einer spannenden Reise.

Die tägliche Rettung in der Wüste: Das Manna und das Wasser

1.Kor 10,3-4: *„[Wisst, Brüder, dass unsere Väter] alle dieselbe geistliche Speise aßen und alle denselben geistlichen Trank tranken, denn sie tranken von einem geistlichen Felsen, der mitfolgte. Der Fels war Christus."*

Wenige Tage nach dem Wunder vom Roten Meer litten die Israeliten Hunger und Durst, denn sie waren in einer Wüste. Das gelobte Land sieht anders aus, aber es war ihnen auch klar, dass sie durch die Wüste reisen müssten, um nach Kanaan zu gelangen. Diese Reise konnten sie nicht überleben, wenn Gott sie nicht auf tägliche Weise mit dem Notwendigsten versorgte: Brot und Wasser.[47] Unser Herr Jesus nahm einmal auf das Manna Bezug in einer Weise, die provokant aber sehr deutlich war:

Joh 6,49-51: *„Eure Väter aßen das Manna in der Wüste und starben. Dieses ist das Brot, das aus dem Himmel herniederkommt, damit man von ihm esse und nicht sterbe. Ich bin das lebendige Brot, das aus dem Himmel*

---

[47] In derselben Weise sagt Gott uns das Nötige zu, wenn wir zuerst nach dem Reich Gottes streben (Mat 6,33)

herniederkam. Wenn jemand von diesem Brot gegessen hat, wird er in Ewigkeit leben. Und das Brot, das ich geben werde, ist mein Fleisch, das ich geben werde für das Leben der Welt." Das Manna hat seine Entsprechung in Christus, wie auch das Passa und der Durchzug durchs Meer auf Ihn hinweisen; jeweils aus einem anderen Blickwinkel.

Wie oft kam das Manna? Täglich. Wie oft kam der Herr? Einmal. Einmal gab Er Sein Fleisch, und es gilt an Ihn zu glauben (Joh 6,33) um ewiges Leben zu haben, zuerst in der erstmaligen Form der Bekehrung, dann in der fortgesetzten Form der Beziehung zu Ihm.[48] Das Essen Seines Fleisches verknüpft das Manna geistlich mit dem Passalamm, denn beide Speisen kommen aus derselben Quelle, nämlich dem Wort Gottes, *beides ist derselbe Christus.* Dem Essen des Passa in Ägypten folgt nun das regelmäßige Essen des Manna in der Wüste (Joh 6,53-56): *„Der, der mein Fleisch isst und mein Blut trinkt, hat immerzu ewiges Leben, und ich werde ihn zur Auferstehung bringen am letzten Tage, denn mein Fleisch ist wahrhaftig Speise und mein Blut ist wahrhaftig Trank. Der, der mein Fleisch isst und mein Blut trinkt, verbleibt in mir, und ich in ihm.*" Wir bleiben in Ihm, indem wir beständig von Ihm essen und trinken.

Wie geschieht das? Ganz buchstäblich lässt sich eine Verbindung zum Mahl des Herrn herstellen, denn die Wortwahl ist verblüffend ähnlich:

---

[48] Beides wird in Joh 6 sehr fein durch den Gebrauch verschiedener Zeitformen für glauben und essen ausgedrückt: Im Aorist formuliert spricht der Herr vom *„zum Glauben kommen"* (zBsp. in Joh 6,49-51), im Präsens betont Er das *„im Glauben bleiben"* (Joh 6,53-56). Beides gehört zusammen, denn ein Aorist meint nicht bloß ein einmalig punktuelles Ereignis, sondern oft auch den Beginn einer unbestimmt lange andauernden Sache. Die Bekehrung ist der Beginn eines unbestimmt lang andauernden Weges, weshalb durch den Präsens ermahnt wird, diesen Weg beizubehalten. Für wenige Jahre im Glauben gestanden zu haben entspräche der Zeitform des Aorist, doch das ist gemessen an der durch das Präsens ausgedrückten erforderlichen Beibehaltung des Glaubens bis zum Ende zu wenig, um das Ziel des Glaubens zu erreichen. Irreführend ist, wenn man die einen Stellen zur Stützung der Heilsgewissheit zitiert und die anderen unterschlägt.

"Nehmt und esst, dies ist mein Leib; nehmt und trinkt, dies ist mein Blut." Gerade weil im Johannesevangelium nicht von der Einsetzung des Herrnmahls berichtet wird, darf man annehmen, dass Johannes in diesem Kapitel darauf anspricht. Zumindest die Jünger werden sich lebendig an diese Worte erinnert haben, denn wegen dieser „harten Rede" haben sich damals viele vom Herrn abgewandt.

Ein weiteres Argument ist im Fortgang des 10. Kapitels im 1. Korintherbrief zu sehen, denn unmittelbar anschließend an die Exodus-Auslegung folgt eine Belehrung über den Tisch des Herrn, in der es heißt (1.Kor 10,16): *„Der Becher des Lobens, über dem wir loben, ist er nicht Teilhabe an dem Blut des Christus? Das Brot, das wir brechen, ist es nicht ein Teilhaben an dem Leib des Christus?"* [49] Also um die Gemeinschaft mit dem Leib und dem Blut Christi geht es hier, um *das Bleiben in Christus*.

Unabhängig davon, wie wörtlich oder wie symbolisch man diese Worte auffassen will, das Herrnmahl ist eine geistliche Speise und ein geistlicher Trank, keine gewöhnliche Speise. Als solche geht sie nicht nur über Magen und Darm durch uns hindurch, sondern nährt den inneren Menschen. Es nährt unseren Glauben und unsere Beziehung zu Christus in derselben Weise wie das Manna und das Wasser aus dem Felsen Israel in der Wüste leiblich ernährte. Dieses war eine tägliche Form der Rettung, nicht der Rettung vor dem Pharao, sondern des Hindurchrettens durch die Wüste.

Ägypten liegt hinter ihnen, der Pharao ist tot, doch das alleine brachte sie noch nicht nach Kanaan! Das müssen wir tief begreifen: Dass Jesus gestorben und auferstanden ist, und wir mit Ihm in der Taufe, das alleine

---

[49] Paulus verwendet Leib Christi in diesem Zusammenhang in einer Doppelbedeutung: Sein buchstäblicher Leib und die Gemeinde, die Sein Leib ist.

bringt uns noch nicht ans Ziel. Die Errettung ist keine einmalige Entscheidung, sondern beinhaltet diesen langen Weg durch die Wüste, auf dem wir beständig auf den Herrn angewiesen sind, um nicht im Wüstensand zugrunde zu gehen. Viele Christen hätten es gerne so, dass sie mit der Bekehrung die Garantie in der Tasche haben, einmal in den Himmel zu gelangen, komme was wolle.

Was wir haben, ist Christus als das Brot aus dem Himmel und das Wasser aus dem Felsen, Seine tägliche Begleitung und Fürsorge – damit macht Er uns deutlich, dass wir von der Beziehung mit Ihm leben und getrennt von Ihm verdorren (Joh 15,6). *Nur der, der regelmäßig Sein Fleisch isst und Sein Blut trinkt, bleibt in Ihm.* Das ist die andere Seite des Herrnmahls, neben der Rückschau auf das Kreuz beinhaltet es nämlich eine Vergegenwärtigung des Kreuzes,[50] indem wir – wie das Priestertum Israels – von dem Opferfleisch auf dem Altar essen (1.Kor 10,18). Das Brot, das wir brechen, ist das Fleisch Christi, das *einmal* (nicht immer wieder) am Kreuz geopfert wurde. In *geistlichem* Sinne essen wir davon und nehmen Sein Fleisch und Sein Blut (d.i. Sein Leben) in uns auf, wodurch der innere Mensch erneuert wird (vgl. 2.Kor 4,16).

Uns entgeht sehr viel, wenn wir diesen Aspekt des Brotbrechens nicht verstanden haben. Paulus verbindet ganz bewusst Taufe und Abendmahl

---

[50] Weil diese Wahrheit besonders von der römischen Kirche durch die Transsubstantiationslehre in spekulativer Theologie verfremdet und übertrieben wurde, kam es in der Reformation, besonders im Schweizer Flügel (Zwingli) zu einer massiven Gegenbetonung, welche das Herrnmahl zu einem reinen symbolischen Gedächtnismahl ohne geistlicher Wirkung reduzierte. Aufgrund der alten Glaubenfehden ist dieses Thema auch heute noch sehr emotional besetzt; ich denke, die Lutherische Position einer realen Gegenwart Christi ohne der Idee einer Opferwiederholung und Wandlung kommt dem Kern am Nächsten; doch auch das ist nur ein Versuch, die Tiefe des Wortes Gottes adäquat auszuloten.

mit dem Exodus, um den Korinthern und uns klar zu machen: So ist es auch bei uns! Wie die Israeliten es erlebten, so auch wir!

Ein Schlüsselwort in dieser Ermahnung (zu der es wird), ist „alle", denn sie sind „alle" unter der Wolke gewesen, „alle" durch das Meer gegangen, „alle" auf Mose getauft worden, „alle" haben sie eine geistliche Speise genossen und „alle" wurden sie durch den geistlichen Trank erfrischt. Dasselbe trifft – in den entsprechenden neutestamentlichen Gegenbildern – auf alle Korinther zu. So macht Paulus ihnen und uns deutlich, dass die Errettung einen Weg durch die Wüste beinhaltet, auf dem wir nicht von Christus lassen dürfen, sondern von Ihm leben. Das regelmäßige Brotbrechen, das regelmäßige Bibelstudium, das persönliche Gebet – all das sind Mittel, um diese Gemeinschaft zu pflegen. Das wiederum ist geistlich überlebensnotwendig, um das Ziel der Reise zu erreichen. Wie viele unter uns sind geistlich unterernährt, schwach oder bereits verhungert und abgefallen, in der Wüste umgekommen? Nochmals eindringlich: *Ist es uns bewusst, wie heilsnotwendig es ist, in Gemeinschaft mit Christus zu leben?* Wer den Sohn *hat*, hat das Leben (1.Joh 5,13)! Nicht, wer den Sohn irgendwann einmal *gehabt hat*,[51] sondern der, der beständig von Seinem Fleisch isst und von Seinem Blut trinkt (Joh 6,53).

Gott kämpft mit uns: Der Sieg über Amalek

Verlassen wir für einen Moment Paulus und ziehen einen Vergleich aus einem anderen Ereignis, das er hier nicht erwähnt hat. Bevor wir uns nämlich einer Ernüchterung stellen müssen, will ich mit aller Deutlichkeit

---

[51] Die Zeitform in 1.Joh 5,13 ist durchgehend Präsens! Es geht also um den beibehaltenen Glauben und ein andauerndes Haben, nicht um eine irgendwann einmal stattgefundene Bekehrung oder ein irgendwann einmal „Gehabthaben".

klar machen, wie treu Gott für uns ist – und wenn Er für uns ist, dann kann niemand gegen uns bestehen (vgl. Röm 8,31).

2.Mo 17,8-16: *"Und es kam Amalek und stritt wider Israel in Rephidim. Und Mose sprach zu Josua: Erwähle uns Männer und ziehe aus, streite wider Amalek; morgen will ich auf dem Gipfel des Hügels stehen, mit dem Stabe Gottes in meiner Hand. Und Josua tat, wie Mose ihm gesagt hatte, um wider Amalek zu streiten; und Mose, Aaron und Hur stiegen auf den Gipfel des Hügels. Und es geschah, wenn Mose seine Hand erhob, so hatte Israel die Oberhand, und wenn er seine Hand ruhen ließ, so hatte Amalek die Oberhand. Und die Hände Moses wurden schwer. Da nahmen sie einen Stein und legten denselben unter ihn, und er setzte sich darauf; und Aaron und Hur unterstützten seine Hände, hier einer und dort einer; und so waren seine Hände fest, bis die Sonne unterging. Und Josua streckte Amalek und sein Volk nieder mit der Schärfe des Schwertes. – Und Jahwe sprach zu Mose: Schreibe dieses zum Gedächtnis in ein Buch, und lege in die Ohren Josuas, daß ich das Gedächtnis Amaleks gänzlich unter dem Himmel austilgen werde. Und Mose baute einen Altar und gab ihm den Namen: Jahwe, mein Panier!" Und er sprach: Denn die Hand ist am Throne Jahs: Krieg hat Jahwe wider Amalek von Geschlecht zu Geschlecht!"*

Dieser Kampf gegen Amalek ist ein Bild für die vielfältigen Anfechtungen in unserem Leben seitens der Finsternis. Satan will uns den Weg blockieren, einschüchtern, zu Fall bringen und verschlingen (1.Petr 5,8). Gelänge ihm dies, würden wir, trotz Passa und triumphalem Durchzug durch das Meer unser Ziel des Glaubens nicht erreichen. Ebenso wie wir ohne der geistlichen Nahrung in der Wüste verschmachten würden. Das unterstreicht einmal mehr, dass sich die Rettung Gottes nicht darin erschöpft, dass Christus für uns am Kreuz gestorben und auferstanden ist. Das ist nur *der Anfang einer Reihe andauernder Heilstaten, die unbedingt notwendig sind,* um uns ans Ziel zu bringen, denn zwischen unserer

Bekehrung und unserer Vollendung liegt ebenfalls ein langer Weg – für viele um einiges länger als 40 Jahre.

In diesem Text begegnet uns zum ersten Mal der Name Josua, die hebräische Form von Jesus. Wenn wir die Geschichte mit Seinem (Jesu) Namen lesen, sehen wir unseren Herrn im Kampf, was uns einerseits an Seine Menschwerdung erinnert, denn er wurde in allem so versucht wie wir selbst (Heb 4,15), andererseits aber auch an das Versprechen Seiner Gegenwart bei uns bis ans Ende (Mat 28,20). Auf dem Hügel steht Mose und betet für die kämpfenden Israeliten. Die Szene ist bemerkenswert, da es auf die *Gebetshaltung* [!] ankam, ob die Schlacht gewonnen oder verloren wurde. Folglich stützten Hur und Aaron die Arme des Mose ab. Betrachten wir nur kurz die Namen der drei Männer: Hur bedeutet „Wiege", Mose heißt „Herausgezogen" und Aaron „Erleuchtung".[52] Das spricht recht deutlich von der Geburt des Herrn, Seiner Auferstehung und dem Heiligen Geist. Dann aber müssen wir uns die Gebetshaltung bildlich vorstellen: Ein Mann steht da mit ausgestreckten Armen. Das stellt das Kreuz dar, an dem der Herr starb. Für die frühen Christen war es deshalb sehr aussagekräftig, weil wir dazu angehalten werden, mit erhobenen Armen zu beten (1.Tim 2,8). In den Oden Salomos, einer frühchristlichen Liedersammlung (um 130 n.Chr.) heißt es (OdS 27,1-2): *„Ich habe meine Hände ausgestreckt und dem Herrn geheiligt, denn das Ausdehnen meiner Hände ist sein Zeichen, und mein Ausbreiten das aufgerichtete Holz. Hallelujah."*[53] Das Kreuz ist der Ort, an dem die Mächte der Finsternis besiegt wurden (Kol 2,15), indem wir selbst mitgekreuzigt wurden und daher von der Macht der Sünde befreit wurden (Röm 6). Dass Mose auf dem Hügel für sein Volk betet, erinnert

---

[52] Wortbedeutungen nach Merrill C. Tenney **Namen und Begriffe der Bibel** (Verlag Hermann Schulte, 6330 Wetzlar, 1972)

[53] http://www.unifr.ch/bkv/kapitel4504-26.htm Dieses Verständnis der Gebetshaltung mit ausgebreiteten Armen war in der frühen Kirche weit verbreitet.

uns auch daran, dass der Herr als unser zur Rechten Gottes erhöhter Fürsprecher beim Vater Anteil nimmt an unseren Kämpfen auf Erden. Unser Herr Jesus kommt also zweimal vor in diesem Text: Mitten unter uns im Kampf (Josua), sowie auf dem Hügel im Gebet.

Der Herr kämpft für uns im Gebet, aber ist zugleich mit uns im Getümmel. Wir selbst können jedoch nicht passiv als Zuschauer warten, bis alles vorbei ist, sondern müssen selbst gerüstet in den Kampf ziehen (Eph 6,10-19) und im Kampf gegen die Sünde, wenn nötig bis aufs Blut, bis zu unserem leiblichen Tod, widerstehen (Heb 12,4). An uns alleine liegt der Sieg nicht! Satan und seine Engel sind mächtiger als wir und wir können ihn nicht überwinden – doch er ist überwunden durch Christus am Kreuz. Deshalb müssen wir im Glauben an Ihn kämpfen, und Er kämpft an unserer Seite. Er ist es, der uns als Feldherr anführt – wir folgen also Seinen Kommandorufen – und Er steht auf dem Hügel im Gebet. So sehr es stimmt, dass wir aus eigener Kraft nicht siegen können, so sehr stimmt es andererseits auch, dass wir tatsächlich mit allem Ernst kämpfen müssen, um zu siegen. Die Rettung Gottes kommt *nicht ohne unser Zutun*, aber auch *nicht aus unserem Zutun*. Das will verstanden werden, denn dann versteht man den scheinbaren Widerspruch zwischen Glauben und Werken, an dem viele aus der Reformation kommende Christen sich die Zähne ausbeißen.

Der Bundesschluss am Sinai

Zwei Aspekte aus dem Bundesschluss am Sinai möchte ich unbedingt noch streifen, ehe wir zu Paulus in den 1. Korintherbrief zurückkehren: Die Berufung zu einem königlichen Priestertum und die Bedeutung des Gesetzes für die Beziehung zu Gott. Das erste hat weniger mit der Rettung per se zu tun als mit dem Ziel derselben. Ich erwähne dies deshalb, weil wir daran auch deutlich sehen, welche Bedeutung der Exodus auch für uns im

Neuen Bund hat; wie sehr in vielen Details vorausgeschattet wird, was uns betrifft:

2.Mo 19,4-6 *„Ihr habt gesehen, was ich an den Ägyptern getan habe, wie ich euch getragen auf Adlers Flügeln und euch zu mir gebracht habe. Und nun, wenn ihr fleißig auf meine Stimme hören und meinen Bund halten werdet, so sollt ihr mein Eigentum sein aus allen Völkern; denn die ganze Erde ist mein; und ihr sollt mir ein Königreich von Priestern und eine heilige Nation sein. Das sind die Worte, die du zu den Kindern Israel reden sollst."*

Zuerst fällt uns auf, wie Gott das Werk der Errettung selbst sieht: Er trug sie wie auf Adlersflügeln; aus Seiner Sicht war alles eine glatte und komfortable Reise gewesen.[54] Während wir es so empfinden, dass wir uns Schritt für Schritt durch die Wüste gequält haben, hat Er uns eigentlich getragen.[55] Aus menschlicher Perspektive gab es tatsächlich Hunger und Durst, Angst und Verzweiflung, den Kampf gegen einen übermächtigen Gegner – also mancherlei Gründe zum Murren und Zweifeln. Das sollte uns persönlich auch zu denken geben, wenn Paulus uns ermahnt, alles ohne Murren und Zweifel zu tun (Phil 2,14). Gott erweist Sich jedoch in allem als treu und zuverlässig. Nun offenbart Er den Zweck des Exodus: *„Ihr sollt mir ein Königreich von Priestern und eine heilige Nation sein."* Hier findet einerseits ein *Herrschaftswechsel* statt, denn statt dem Pharao soll Israel nun

---

[54] Hier kann man sich auch daran erinnern, dass am Ende der Wüstenreise Gott den Blick auf die Kleidung und das Schuhwerk richtete, das in den 40 Jahren auf wundersame Weise nicht verschlissen wurde (5.Mo 29,5)!

[55] Es stimmt auch, dass ohne das tatsächliche Gehen der Sinai ebensowenig erreicht worden wäre. Was sehen wir daraus? Wir müssen jeden einzelnen Schritt tatsächlich zurücklegen, doch gleichzeitig ist es Gott, der uns ans Ziel bringt. Hier ist das Geheimnis verborgen, das Verhältnis von Glauben und Werken zu verstehen.

Gott als Herrn annehmen; andererseits ist es auch eine *Aufwertung*, den die Nation ist geheiligt und zum Priesterdienst berufen.

Im Neuen Testament wird darauf Bezug genommen, wenn Petrus schreibt (1.Petr 2,9): *„Aber ihr seid ein erwähltes Geschlecht, eine königliche Priesterschaft, ein heiliges Volk, eine Volksschar zum erworbenen Eigentum, auf dass ihr kundwerden lasset die Lobenswertigkeiten dessen, der euch aus der Finsternis in sein wunderbares Licht rief."* Johannes unterstreicht es in Offb 1,5b-6: *„Dem, der uns liebte und uns durch sein Blut wusch – auch machte er uns zu Königen und Priestern für seinen Gott und Vater –, ihm gebührt die Herrlichkeit und die Macht. Amen."* Es gibt einen leicht zu überlesenden Unterschied zwischen der Verheißung (2.Mo 19,6) und der Erfüllung (2.Petr 2,9), der darauf beruht, dass Petrus und Johannes die Septuaginta[56] vor Augen haben: Wir sind nicht nur ein Königreich von Priestern, sondern königliche Priester, bzw. Könige und Priester. Der Unterschied bedeutet, dass wir *zur Mitregentschaft berufen* sind, wie es an mehreren Stellen der Schrift gesagt wird, u.a. wieder in Offb 5,10: *„Und uns machtest zu Königen und Priestern für unseren Gott, und wir werden als Könige herrschen auf der Erde."* Diese Bezüge auf 2.Mo 19,6 zeigen uns, dass der Neue Bund die Erfüllung des Alten Bundes ist; aber auch, dass unsere Erlösung und Berufung erst im Licht des Exodus völlig erfasst werden kann. An dieser Stelle werde ich hier dennoch nicht ins Detail gehen, sondern weitergehen zu der notwendigen Voraussetzung, unsere Berufung

---

[56] Das aufzuarbeiten wäre ein eigenes Thema: Warum das Neue Testament von der griechischen Übersetzung des Alten Testaments ausgeht (LXX – Septuaginta). Von den Qumran Funden wissen wir mittlerweile, dass die LXX von anderen, möglicherweise älteren hebräischen Manuskripten ausging; an einigen messianischen Stellen macht die LXX einen großen Unterschied, interessanterweise ist sogar im Hebräerbrief die Argumentation auf der LXX aufgebaut.

zu erfüllen (2.Mo 19,5): *"Wenn ihr fleißig auf meine Stimme hören und meinen Bund halten werdet."*

Der Bund Gottes mit Seinem Volk ist auf dem Gesetz begründet. Nun ist es aber interessant, dass das Gesetz nicht dazu diente, sie aus der Hand des Pharao zu erretten, im Sinne von: *"Wenn ihr erst einmal alle meine Gebote gehalten habt, werde ich euch aus Ägypten führen."* Das Gesetz regelt die Art und Weise der Beziehung Israels zu Gott als Sein Bundesvolk.[57] Er ist König, und Sein Volk soll nach Seinem Wort wandeln. Auch die priesterliche Berufung wird durch das Gesetz geregelt, denn ein großer Teil der Thora behandelt den Aufbau der Stiftshütte, die verschiedenen Opfer, die Unterscheidung zwischen rein und unrein. All diese Gesetze haben eine Botschaft (3.Mo 19,2): *"Rede zu der ganzen Gemeinde der Kinder Israel und sprich zu ihnen: Ihr sollt heilig sein; denn ich, Jahwe, euer Gott, bin heilig."* Wieder wird genau dieser Aufruf im Neuen Testament zitiert und auf die Gemeinde Christi angewandt (1.Petr 1,16).

Das Gesetz ist einerseits der Übertretungen wegen hinzugekommen, schreibt Paulus, nämlich, um uns unsere Sünde zu offenbaren und auf Christus vorzubereiten (Röm 3,20, Gal 3,24). Damit wird unsere Unzulänglichkeit deutlich und auch die Unzulänglichkeit Israels, an der der Alte Bund scheitern musste, weshalb ein Neuer Bund notwendig wurde, wie es in Jer 31,31-32 heißt: *"Siehe, Tage kommen, spricht Jahwe, da ich mit dem Hause Israel und mit dem Hause Juda einen neuen Bund machen werde: nicht wie der Bund, den ich mit ihren Vätern gemacht habe an dem Tage, da ich sie*

---

[57] Hier möchte ich darauf hinweisen, wie deplaziert es ist, wenn Christen sich gegen das Gesetz mit den Worten wehren: *"Dann müsste ich mir die Sündenvergebung/Errettung ja erarbeiten"*. Hintergrund solcher Aversionen ist – ich wiederhole – die Verkürzung der Errettung auf das Bekehrungsereignis, denn Israel musste ja auch nicht zuerst das Gesetz halten, um vom Pharao und aus Ägypten erlöst zu werden! Das behauptet auch niemand, aber das Gesetz ist notwendig für die Bundesbeziehung und zur Heiligung. Bei uns ist es nicht anders.

bei der Hand faßte, um sie aus dem Lande Ägypten herauszuführen, welchen meinen Bund sie gebrochen haben; und doch hatte ich mich mit ihnen vermählt, spricht Jahwe."

Jetzt ist dieser Bund aber auch nicht ohne Gesetz, sondern das Bundesvolk Gottes wird so verändert, dass es das Gesetz fassen und ihm entsprechen kann. Ein neues Herz schafft die Voraussetzungen, dass das Gesetz Gottes gewissermaßen zur Natur eines Christen wird (Jer 31,33): *„Sondern dies ist der Bund, den ich mit dem Hause Israel machen werde nach jenen Tagen, spricht Jahwe: Ich werde mein Gesetz in ihr Inneres legen und werde es auf ihr Herz schreiben; und ich werde ihr Gott, und sie werden mein Volk sein."* Der neue Bund brachte eine Veränderung des Priestertums mit sich (von Aaron auf Melchisedek) und eine Veränderung des Gesetzes (Heb 7,12), und zwar eine Veränderung zum Besseren und Vollkommenen hin. Das ist das große Thema im Hebräerbrief und auch in den Worten des Herrn Jesus bestätigt, der in Mat 5,17 sagte: *„Meint nicht, dass ich kam, das Gesetz und die Propheten aufzulösen! Ich kam nicht aufzulösen, sondern zu erfüllen."* Dieses „erfüllen" bedeutet aber „voll machen";[58] das heißt, Gottes Gesetz im Alten Bund reichte nicht an das heran, was Gott eigentlich mitteilen wollte, weil die Herzenshärtigkeit (vgl. Mat 19,8) Ihn das Gesetz (z.Bsp. über Scheidung und Wiederheirat, aber ich meine generell) „abschwächen" ließ. Das Wesen des Neuen Bundes ist also nicht, wie es manche Evangelikale oft vermitteln, „Gesetzlosigkeit",[59] sondern ein besseres, *ein zur Fülle*

---

[58] Griechisch πληρόω – erfüllen, auffüllen, voll machen, zur Fülle bringen; eine erfüllte Prophetie ist ja auch kein „Abschluss" sondern die Verwirklichung des Wortes. Wenn Christus die Erfüllung der Propheten ist, so ist in Ihm das prophetische Wort lebendig und zur Vollendung gebracht, aber eben nicht aufgelöst.

[59] Gemeint ist, dass der Gehorsam nicht nötig sei, um errettet zu werden, sondern aus freiwilliger Dankbarkeit erfolge oder aus der Natur und dem Wesen des Glaubens gleichermaßen von selbst entstehe. Ich meine, dass dies eine sehr idealistische Sicht der Dinge ist, die mit der Realität oft wenig zu tun hat; wie jemand einmal sagte, der überzeugt davon war, errettet zu sein: *„Ich bin lieber der Schlimmste im Himmel als der Bravste in der*

gebrachtes Gesetz! Genau das macht der Herr in der Bergpredigt sehr deutlich, wenn Er exemplarisch zeigt, wie weit der Wille Gottes über den Buchstaben des Gesetzes hinausreicht (Mat 5,21-48).

Betrachten wir also das Evangelium im Licht des Exodus, so ist klar, dass wir, nachdem unser Passa geschlachtet wurde und wir in der Taufe aus dem Ägypten der Sünde entkommen sind, in ein Bundesverhältnis mit Gott eintreten, dem einerseits das durch den Heiligen Geist auf unsere Herzen geschriebene Gesetz Gottes zugrunde liegt, und das andererseits uns unsere hohe Berufung vor Augen führt, als Könige und Priester einmal mit Gott über die Erde zu herrschen. Darum beinhaltet der Missionsbefehl des Herrn auch (Mat 28,20): *„Und lehrt sie zu halten und zu bewahren alles, was immer ich euch gebot."* Das sagte Er, nachdem Er gebot, die Jünger zu taufen; folglich ist das Gesetz nicht der Weg erlöst zu werden, sondern die Richtschnur, nach der wir als Erlöste leben müssen, auf dem Weg zur Vollendung der Errettung.

Die große Entrüstung!

Ich glaube, erst wenn wir wirklich erfasst haben, mit wie viel Hingabe Gott uns zu Seinem Volk berufen hat, wie umfassend und nimmermüde Er Sein Rettungswerk für uns vollbringt (! – denn *Seine Rettung ist ein tägliches Werk* wie das Manna, das vom Himmel fiel) und wie hoch unsere Berufung ist, werden wir die volle Wucht der nächsten Verse in der Auslegung des Exodus durch Paulus begreifen:

Hölle." Mit diesem Spruch evangelisierte er auch …heute hängt sein Glaube an einem seidenen Faden (der Docht glimmt noch), aber er lebt in Sünde und geht in keine Gemeinde mehr.

1.Kor 10,5-6a: *„An dem größeren Teil von ihnen jedoch hatte Gott nicht Wohlgefallen, denn sie wurden in der Wüste niedergestreckt. Aber diese Dinge wurden Vorbilder für uns."*

Die meisten erreichten das Ziel ihrer Rettung nicht und wurden in der Wüste niedergestreckt – von Gott selbst! Was ist geschehen? Was bedeutet das für uns und unsere Rettung? All das ist als Vorbild für uns geschehen, damit wir nicht dieselben Fehler machen und am Ende aus dem verheißenen Land ausgeschlossen sind.

So hart es klingt: Bei weitem nicht alle, die aus Ägypten ausgezogen sind, haben Kanaan erreicht. Viele fragen hier besorgt: Heißt das, sie waren dann nicht errettet? Vergessen wir nicht, was Rettung in dieser Geschichte bedeutet: Die Heilsbotschaft für die Israeliten war nicht das ewige Leben oder der Himmel, sondern der Einzug in Kanaan. Doch der Exodus selbst ist ein Vorbild auf das ewige Leben und das Erreichen unseres ewigen Erbes. In diesem Sinn sind die gefallenen Israeliten Beispiele für Christen, die wohl durch Glaube und Taufe der Knechtschaft der Sünde entflohen sind, aber auf dem Weg zum ewigen Erbteil hin den Glauben aufgegeben haben und – wie es heißt – *„im Glauben Schiffbruch erlitten"* (1.Tim 1,19).

Der größere Teil! Im Hebräerbrief wird dies ebenso als warnendes Beispiel genannt (Heb 3,12-4,2): *„Seht zu, Brüder, dass nicht etwa in jemandem von euch ein böses Herz des Unglaubens sein wird, im Abfall vom lebendigen Gott begriffen, sondern ruft euch untereinander auf, jeden Tag, solange es Heute heißt, damit niemand von euch verhärtet werde durch den Betrug der Sünde, denn wir sind Mitteilhaber des Christus geworden, wenn wir nur den Anfang unseres Gewissheitsgrundes als eines festen und bestätigten bis zum Ende festhalten, während gesagt wird: Heute, wenn ihr seine Stimme hört, verhärtet nicht eure Herzen wie es in der Herausforderung geschah (Ps 95,7), denn es forderten ihn welche heraus, nachdem sie seine Stimme gehört hatten, jedoch nicht alle, die durch Mose aus Ägypten herauskamen. Aber über welche war er* *entrüstet vierzig Jahre? War es nicht über die, die sündigten, deren Leiber in der Wüste fielen? Welchen schwor er, sie würden nicht in seine Ruhe eingehen, wenn nicht denen, die im Unglauben ungehorsam waren? Und wir sehen, dass sie nicht eingehen konnten wegen des Unglaubens. Fürchten wir uns also, damit nicht etwa, während eine Verheißung, in seine Ruhe einzugehen noch übrig gelassen ist, jemand von euch als zurückgeblieben erscheine, denn auch uns ist gute Botschaft gesagt worden gleichwie jenen; dennoch nützte das gehörte Wort jenen nicht, da es bei den Hörern nicht mit dem Glauben vermengt worden war."*

Wir sollen uns fürchten (Heb 4,1), und in diesem Kontext ist klar, dass keine Ehrfurcht sondern eine berechtigte Sorge um das Gelingen unseres Glaubenswegs gemeint ist. Wir sollen die anfängliche Überzeugung festhalten bis zum Ende – welches Ende ist gemeint? Unser Eintreten in die Ruhe, denn diese Ruhe ist noch ausständig; sie entspricht dem Übertritt über den Jordan nach Kanaan.[60] Wer scheiterte? Jene, die durch Unglauben sündigten und ungehorsam waren, bei denen sich das, was sie aus Gottes Wort hörten, nicht mit dem Glauben vermengte.

Hier bemühen sich viele zu begründen, dass diese von Anfang an gar nicht gläubig waren. Das mag auf Einzelne[61] zutreffen, doch war es nicht bereits

---

[60] Dies ist das Bild unseres leiblichen Todes und unserer Auferstehung in das Erbteil hinein. Damit ist der Durchzug durch das Meer der Beginn unseres Glaubenslebens und der Durchzug durch den Jordan das Ende unseres Lebens in der Nachfolge Jesu in unserem irdischen Leib. Sowie die Bundeslade zuerst den Jordan betrat, so ist es auch der Tode des Herrn, der unseren Tod überwunden hat, und – weil es dies so plastisch macht – der Jordan wurde gestaut bis zu einer Ortschaft namens Adam! Damit wird angezeigt, dass der Tod, der mit Adam seinen Anfang nahm, durch Jesus rückwirkend für alle Generationen überwunden ist, wodurch die Gerechten aller Zeitalter die Hoffnung der Auferstehung mit uns teilen dürfen! (vgl. Jos 3,16 – leicht zu merken aufgrund von Joh 3,16; auch das, denke ich, ist kein Zufall)

[61] Wenn der Herr Jesus viele Gesetzlose mit den Worten zurückweisen wird *„Ich habe euch nie gekannt",* dann wird das wohl stimmen: Diese waren nie wirklich Sein. Wenn jedoch jemand sein Erstgeburtsrecht verkauft hat wie Esau (Heb 12,15-17), dann müssen wir das

Glaube, das Passalamm zu schlachten und mit Mose durch das Meer zu gehen? Die Frage ist weniger, ob jemand *wirklich* gläubig war oder nicht, sondern ob der Glaube *beibehalten* wurde! Der Glaube ist nämlich nichts Statisches, sondern begleitet uns unser Leben lang, wächst, reift und nimmt an Tiefe und Tragfähigkeit zu – oder aber nimmt ab, wird kalt, und steht im Begriff, vom lebendigen Gott abzufallen (Heb 3,12). *Man kann nicht vom Glauben abfallen, wenn man nie gläubig war.* Die Ermahnung an alle Brüder, einander zu ermuntern und zur Treue aufzurufen, wäre ja unsinnig, wäre der angesprochene Abfall nicht eine der Möglichkeiten, in die der einzelne sich entwickeln kann.

Der Psalm 95 drückt die große Entrüstung Gottes über Sein Volk aus (Ps 95,7b-11): *„Heute, wenn ihr seine Stimme höret, verhärtet euer Herz nicht, wie zu Meriba, wie am Tage von Massa in der Wüste; als eure Väter mich versuchten, mich prüften, und sie sahen doch mein Werk! Vierzig Jahre hatte ich Ekel an dem Geschlecht, und ich sprach: Ein Volk irrenden Herzens sind sie. Aber sie haben meine Wege nicht erkannt; so dass ich schwur in meinem Zorn: Wenn sie in meine Ruhe eingehen werden!"* Er empfand Ekel! Kann unser Herr Jesus Seiner Gemeinde gegenüber Ekel empfinden? Oh ja (Offb 3,15-16): *„Ich weiß um deine Werke, dass du weder heiß noch kalt bist. Dass du doch heiß oder kalt wärst! So wie es jetzt ist, weil du lau bist und weder heiß noch kalt, bin ich dran, dich aus meinem Mund zu speien."* Also, wenn die Christen in Laodicäa, an die diese Worte gerichtet waren, nicht umkehren, werden sie dann in Seine Ruhe eingehen? *Gewiss nicht!* Woran

---

ebenso ernst nehmen: Dieser hatte die neue Geburt und die Verheißung. Es gibt drei Gruppen von Menschen, die zwar in der Gemeinde sitzen, aber dennoch verloren gehen: Mitläufer (Sie sind von uns ausgegangen, aber waren nicht von uns – 1.Joh 2,19), solche, die durch den Betrug der Sünde schleichend vom Glauben abfallen (Heb 3,12-16), und solche, die ihr Erstgeburtsrecht durch eine klare Widerrufung ihrer Bekehrung verkaufen (Heb 10,26-30). Für alle gibt es in der Heiligen Schrift und in jeder einzelnen Generation von Christen viel zu viele Beispiele.

lag es? An den Werken! Ungehorsam, der Unglaube ausdrückt! Waren die Laodicäer etwa *nie* gläubig, sodass sie gar keine Werke bringen *konnten*? Wäre es so, wäre es ungerecht, Werke zu fordern, zu denen sie geistlich gar nicht in der Lage waren. Können wir uns vorstellen wie Gott über all jene denkt, die sagen, es komme gar nicht darauf an, was wir tun, sondern allein, dass wir uns einmal richtig bekehrt hätten und wirklich wiedergeboren worden sind, sichere uns den Eintritt in die verheißene Ruhe?

Es gibt einen tiefen und schwerwiegenden Grund für dieses häufige Missverständnis: Der Glaube, die Gnade Gottes und die Errettung beträfe nur die Vergebung der Schuld, und da diese durch das Blut Christi völlig und auf ewig bezahlt wurde, gebe es keinen „Rechtsgrund" mehr, uns zu verdammen. Doch so kann niemand denken, der gesehen hat, dass das Muster für die Errettung in Christus der Exodus ist.[62]

Freilich ist die Vergebung der Sünde wichtig, doch wichtiger ist das Ziel, das Gott mit der Errettung verbindet: Uns zu einem königlichen Priestertum zu machen, zu einem heiligen Volk! Wenn wir weiterhin wie Sklaven der Sünde oder wie Satanspriester leben, oder in dieses Leben zurückgleiten, dann sind wir völlig außerhalb des Erlösungsplans geraten. Dann haben wir uns vom Weg in Richtung Kanaan abgekehrt und unser Herz nach Ägypten zurückgewandt. Oder wir sind wie jene, die einen Blick ins Heilige Land geworfen haben und angesichts der Riesen den Glauben verloren haben.[63] Ist nicht das die Sünde zum Tode? Ist nicht das die Sünde

---

[62] Wenn wir den Exodus als Muster nehmen, fügt sich das auch nahtlos in das „Christus Victor"- bzw. Lösegeldmodell, mit dem die frühen Christen das Werk der Errettung erklärten.

[63] Dieses Murren Israels war so schwerwiegend, dass Gott das ganze Volk verwerfen wollte, um mit Moses neu anzufangen (4.Mo 14,11-12)!

gegen den Heiligen Geist, als das ganze Volk sich andere Führer wählen und nach Ägypten zurückkehren wollte (4.Mo 14,1-4)?

Damit haben wir den Prozess der Errettung, den Weg des Heils verlassen; Errettung ist, wenn wir den Exodus ansehen, keine Sache einer einmaligen Entscheidung, sondern einer Reise, die wir bis zum Ende zurücklegen müssen. Das Passa und der Durchzug durch das Rote Meer waren erst der Anfang der Errettung, ebenso sind unsere Bekehrung zu Christus und die Taufe nur die ersten Schritte auf den schmalen Weg, der zum Leben führt (Mat 7,14). Darum die vielfältigen Ermahnungen, die anfängliche Hoffnung bis zum Ende festzuhalten.

Die Hauptsünden: Begierde, Götzendienst, Unzucht

1.Kor 10,6-10: *"Aber diese Dinge wurden Vorbilder für uns, damit wir nicht Begehrer schlechter Dinge seien, so wie auch jene begehrten. Werdet auch nicht Götzendiener, so wie etliche von ihnen, wie geschrieben ist: Das Volk setzte sich zu essen und zu trinken, und sie standen auf zu spielen (2.Mo 32,6), Noch sollen wir Unzucht begehen, so wie etliche von ihnen Unzucht begingen, und es fielen an einem Tag dreiundzwanzigtausend. Noch sollten wir Christus versuchen, so wie etliche von ihnen ihn versuchten und durch die Schlangen umkamen. Murrt auch nicht – so wie etliche von ihnen murrten und durch den Vertilger umkamen."*

Paulus erwähnt diese Beispiele, weil sie auch für uns eine reale Gefahr darstellen, das Ziel unserer Glaubensreise zu verfehlen; Er könnte noch andere Beispiele nennen: Die Weigerung, das Land zu erobern, nachdem die Kundschafter zurückkamen (4.Mo 13+14), die Rebellion von Korah, Dathan und Abiram (4.Mo 16) oder das ehrfurchtslose Opfer der Söhne Aarons (3.Mo 10). Paulus geht nicht auf die Fragen ein, warum das geschah, oder ob die Toten nicht doch irgendwie errettet worden sein könnten.⁶⁴ Er nimmt diese Ereignisse als *todernste Warnungen,* die keine Abschwächung der Botschaft rechtfertigen: Wer in der Wüste starb, kam nicht nach Kanaan; ein Christ, der in vergleichbarer Sünde lebt, wird sein ewiges Erbe nicht erreichen und nicht in die Ruhe eingehen (Heb 4,1). Rufen wir uns die Ereignisse kurz in Erinnerung, um zu verstehen wie schwerwiegend die Beispielsünden waren:

Gräber der Begierde

Da wurde das Volk des Mannas überdrüssig und verlangte nach Fleisch, wie sie es in Ägypten hatten (4.Mose 11,5). Was haben sie da verworfen? Gottes Fürsorge! Wonach sehnten sie sich – nach Kanaan oder nach Ägypten? Sie hatten völlig das Ziel ihrer Reise aus den Augen verloren, und das Manna, dessen Geschmack bereits den Honig des verheißenen Landes vorwegnahm,⁶⁵ verachteten sie. Gott gab ihnen Fleisch, und zwar so viel, dass sie daran erstickten! Ihre Gräber nannte man die Gräber der Begierde. Können wir uns vorstellen, wie zornig Gott wurde, wie persönlich Er das alles nahm? Und es war mehr als gerechtfertigt! Es war ein großes Sterben – darum weint auch Paulus über jene vielen (!) unter den Christen, deren Gott ihr Bauch ist (Phil 3,18). Wie ernst müssen wir dieses Beispiel nehmen!

---

⁶⁴ Die Fragestellung an sich ist unsinnig, denn der Exodus ist das Bild für die Errettung; d.h. die Aussageabsicht ist klar: Sie sind in der Wüste gefallen und haben deshalb das Ziel der Errettung nicht erreicht; sie sind Sinnbilder von Verlorenen. Ob in der Auferstehung die einen oder anderen von ihnen dennoch zu den Gerechten gezählt werden (aus welchem Grund, wüsste ich zwar nicht), ändert an der Aussage nichts. Kanaan erreichen = errettet. Kanaan nicht zu erreichen = nicht errettet (nicht in Seine Ruhe eingegangen).

⁶⁵ 2.Mo 16,31: „Und das Haus Israel gab ihm den Namen Man; und es war wie Koriandersamen, weiß, und sein Geschmack wie Kuchen mit Honig."

Der Tanz ums goldene Kalb

Dann ging es um das goldene Kalb, das Aaron den Israeliten fertigte, nachdem Mose lange Zeit auf dem Berg war und das Volk die Hoffnung aufgab, dass er je wieder herunterkäme (2Mo 31).[66] Das Eigenartigste daran war, dass man dieses Kalb immer noch „Jahwe" nannte, jedoch der „Gottesdienst" war von völlig fremder Natur, völlig unpassend im Vergleich zu der Angst einflößenden Heiligkeit Gottes am Sinai: Es war unterhaltsam und berauschend.[67] Und Gott wurde zu einem Geschöpf degradiert, das Menschen vor ihren Pflug zu spannen pflegten. Mose zerbrach die Tafeln des Bundes am Fuß des Berges und zerstörte das Götzenbild; Gottes Gericht war trotz der Fürbitte des Mose blutig (2.Mo 32,33-35): *„Und Jahwe sprach zu Mose: Wer gegen mich gesündigt hat, den werde ich aus meinem Buche auslöschen. Und nun gehe hin, führe das Volk, wohin ich dir gesagt habe. Siehe, mein Engel wird vor dir herziehen; und am Tage meiner Heimsuchung, da werde ich ihre Sünde an ihnen heimsuchen. Und Jahwe schlug das Volk, darum dass sie das Kalb gemacht, welches Aaron gemacht hatte."* Achten wir besonders auf die Worte, sie würden aus Seinem Buch gelöscht werden, denn im Sendschreiben an Sardes heißt es (Offb 3,5): *„Der, der überwindet, der wird mit weißen Kleidern umkleidet werden, und ich werde seinen Namen nicht löschen aus dem Buch des Lebens*[68] *und*

---

[66] Das können wir als eine Parallele zum scheinbaren „Verzögern" der Wiederkunft des Herrn begreifen.

[67] Ich meine, dass das gegenwärtige Bestreben, Gottesdienste unterhaltsam und musikalisch stark „aufgepeppt" zu gestalten (mit all den Anleihen aus der Pop-Industrie: Bühne, Lichtshow, Band, „Worship-Hitparaden", …) durchaus mit der Aussage „Das Volk setzte sich zu essen und zu trinken, und sie standen auf zu spielen" (2.Mo 32,6) zu verbinden ist und dies ein Ausdruck des modernen Goldenen Kalbes ist.

[68] Aus dem Buch des Lebens kann nur gelöscht werden, wessen Name bereits darin enthalten ist. Unser Gott, das zeigt uns der Exodus deutlich, ist kein Gott leerer Drohungen; aber er lässt sich durch Umkehr und Fürbitte auch des angedrohten Unheils gereuen.

werde seinen Namen bekennen vor meinem Vater und vor seinen himmlischen Boten." Gott meint immer ernst, was Er sagt. Das soll die Korinther und uns tief bewegen.

Die Unzucht mit fremden Frauen

Mit Moabiterinnen und dem Götzen Baal-Peor verunreinigten sich die Israeliten an anderer Stelle, was allein an einem Tag 23.000 Menschen das Leben kostete (4.Mo 25)[69] – die Zahl war so erschreckend hoch, dass sie hier eigens festgehalten wurde.

Was Bileam zuvor nicht konnte, nämlich dem Volk durch einen Fluch zu schaden (4.Mo 24), schaffte das Volk Gottes offenbar ganz von alleine. Erst der heilige Eifer des Priesters Pinehas stoppte die Plage, an der so viele Israeliten starben (4.Mo 25,6-8+11): *„Und siehe, ein Mann von den Kindern Israel kam und brachte eine Midianitin zu seinen Brüdern, vor den Augen Moses und vor den Augen der ganzen Gemeinde der Kinder Israel, als diese an dem Eingang des Zeltes der Zusammenkunft weinten. Und als Pinehas, der Sohn Eleasars, des Sohnes Aarons, des Priesters, es sah, da stand er auf aus der Mitte der Gemeinde und nahm eine Lanze in seine Hand; und er ging dem israelitischen Manne nach in das Innere des Zeltes und durchstach sie beide, den israelitischen Mann und das Weib, durch ihren Bauch. Da ward die Plage von den Kindern Israel abgewehrt. … Pinehas, der Sohn Eleasars, des Sohnes Aarons, des Priesters, hat meinen Grimm von den Kindern Israel abgewendet, indem er in meinem Eifer in ihrer Mitte geeifert hat, so dass ich die Kinder Israel nicht in meinem Eifer vertilgt habe."* So wie die Fürbitte durch Mose oft den Zorn Gottes begrenzte, so sorgte hier das harte Durchgreifen im Eifer des Herrn für das Ende der Plage.

---

[69] Ingesamt, inklusive derer, die man aufhängte (4.Mo 25,4), starben 24.000 (4.Mo 25,9)

Was zeigt uns das? Gott scheut nicht davor zurück, alle Sünder vollständig zur Rechenschaft zu ziehen, selbst wenn Er ganz von neuem anfangen müsste (wie mit Noah nach der Flut), aber Er lässt sich bitten und des Unheils gereuen. Unser Herr Jesus ist ein treuer Hohepriester und niemand eiferte so für das Haus des Herrn wie Er; das dürfen wir nie vergessen. Die Rettung kommt immer durch Ihn; im Exodus ebenso, und zwar durch die zahlreichen Vorbilder, die auf Ihn verweisen.

Wie konnten die Israeliten bereits Christus versuchen?

Sie versuchten Gott und Moses, der hier ein Vorbild auf Jesus ist. Sie taten dies, indem sie wieder nach Ägypten umkehren wollten (nicht zum ersten Mal) und sich wieder über die himmlische Kost beschwerten. Die Schlangen, die Gott zur Strafe unter sie schickte (4.Mo 21), töteten wiederum sehr viele unter ihnen, doch das bronzene Abbild der Schlange, das Mose auf einem Pfahl erhöhte, diente zur Rettung derer, die glaubten. Der Herr Jesus vergleicht die Erhöhung der Schlange mit Seiner Kreuzigung (Joh 3,14-15).

Murren

Murren kennzeichnete die ganze Wüstenreise, die nur deshalb so lange dauern musste, weil sie Gott nicht zutrauen wollten, dass Er sie trotz der Riesen in das verheißene Land bringen könne (4.Mo 14,34-37): *„Nach der Zahl der Tage, die ihr das Land ausgekundschaftet habt, vierzig Tage, je einen Tag für ein Jahr, sollt ihr vierzig Jahre lang eure Ungerechtigkeiten tragen, und ihr sollt erfahren, was es ist, wenn ich mich abwende! Ich, Jahwe, habe es geredet; wenn ich dies nicht tun werde an dieser ganzen bösen Gemeinde, die sich wider mich zusammengerottet hat! In dieser Wüste sollen sie aufgerieben werden, und daselbst sollen sie sterben! Und die Männer, welche Mose ausgesandt hatte, um das Land auszukundschaften, und die zurückkehrten und* *die ganze Gemeinde wider ihn murren machten, indem sie ein böses Gerücht über das Land ausbrachten, jene Männer, die ein böses Gerücht über das Land ausgebracht hatten, starben durch eine Plage vor Jahwe.*" Wieder starben viele Israeliten im Gericht Gottes.[70]

Gnade und Rettung

In all diesen Gerichten aber gab es auch Gnade und Rettung: Durch die leidenschaftliche Fürbitte des Mose, durch das beherzte Einschreiten des Pinehas, durch die aufgerichtete Schlange aus Bronze; sodass nie das ganze Volk Gottes ausgelöscht wurde und Gott am Ende Israel in das Erbteil brachte. Doch *auf persönlicher Ebene* gab es abertausende Tragödien. Bei weitem nicht alle, die auszogen, kamen ans Ziel.

Wenn Christus die Verheißung gibt, dass *die Gemeinde* nicht überwunden werden könne (Mat 16,18), bedeutet das dementsprechend nicht, dass *einzelne* Gemeindeglieder nicht auf dem Weg scheitern können, denn genau das ist der Punkt, den Paulus mit dieser Darlegung machen möchte. Am Ende werden die Fische aussortiert, die ins Boot genommen wurden (Mat 13,47-50).

Warum erzählt Paulus den Korinthern gerade diese Beispiele? Der Zusammenhang des Briefes macht es deutlich, denn erstens gab es erschreckende Unzucht in der Gemeinde, wie es in 1.Kor 5,1-2 heißt: *„Überhaupt hört man von Unzucht unter euch – und solcher Unzucht, die nicht einmal unter denen, die von den Völkern sind, genannt wird, dass nämlich jemand des Vaters Frau habe. Und ihr seid aufgebläht und trauertet nicht vielmehr, damit der, der diese Tat beging, aus eurer Mitte entfernt würde."* Außerdem hatten sie einen ziemlich sorglosen Umgang mit dem Götzendienst (1.Kor 8,4+7-11): *„Was also das Essen dessen betrifft, was den*

---

[70] Allerdings ist das (wie bereits gesagt) noch Barmherzigkeit aufgrund der Fürbitte des Mose, denn Gott hätte Israel sonst völlig verworfen (4.Mo 14,11-12)

Götzen geopfert ist: Wir wissen, dass ein Götze nichts ist in der Welt und dass außer dem Einen kein anderer Gott ist ... Es ist jedoch die Kenntnis nicht in allen. Etliche mit einem Gewissen, das bis jetzt an den Götzen gebunden ist, essen das Fleisch als einem Götzen geopfert, und ihr schwaches Gewissen wird befleckt. Aber Speise empfiehlt uns nicht bei Gott, denn weder sind wir, wenn wir essen, im Vorteil, noch sind wir, wenn wir nicht essen, geringer. Seht euch aber vor, dass dieses euer Recht nicht denen, die schwach sind, ein Anstoß werde wodurch sie zu Fall kämen, denn wenn jemand dich, der du Kenntnis hast, im Götzentempel zu Tisch liegen sieht, wird nicht sein Gewissen, weil es schwach ist, dahin aufgebaut werden das den Götzen Geopferte zu essen? Und der Bruder, der schwach ist, wird über deiner Kenntnis zerstört – dessentwegen Christus starb!"

Zuerst einmal möchte ich hervorheben, dass hier von einem Verhalten die Rede ist, das Glaubensgeschwister zerstören kann, indem sie gegen ihr Gewissen zum Götzendienst verleitet werden. Die Selbstsicheren und Starken meinen, diese Götzen seien „Nichtse", und da sei ja rein gar nichts dahinter – Fleisch ist Fleisch! Viele Christen heute denken ähnlich, *weil sie hier aufgehört haben zu lesen.* Im Anschluss an die Exodus-Auslegung ergänzt Paulus eine wesentliche Wahrheit, die jenen verborgen war (1.Kor 10,19-22): *„Was sage ich also? Dass ein Götze etwas sei, oder dass das den Götzen Geopferte etwas sei? Sondern was sie, die von den Völkern sind, opfern, opfern sie den Dämonen und nicht Gott. Ich will nicht, dass ihr Teilhabende mit den Dämonen werdet. Ihr könnt nicht aus dem Becher des Herrn trinken und aus dem Becher der Dämonen. Ihr könnt nicht am Tisch des Herrn und am Tisch der Dämonen teilhaben, Oder fordern wir den Herrn zur Eifersicht heraus? Sind wir stärker als er?"*

Was es bedeutet, den Herrn zur Eifersucht herauszufordern, wird gerade an den genannten Beispielen aus dem Exodus deutlich! Wer daran zweifelt, ob es nun wirklich *absolut verboten* sei, Götzenopferfleisch zu essen, muss zwei Dinge beachten: Erstens stimmt es, dass Fleisch Fleisch ist. Darum sagt Paulus (1.Kor 10,25): *„Alles, was auf dem Markt verkauft wird, esst. Ohne wegen des Gewissens nachzufragen, denn die Erde ist des Herrn und ihre Fülle (Ps 24,1)."* Sobald aber gesagt wird, es sei Götzenopferfleisch, dürfen wir es nicht essen, um des Zeugnisses willen (nicht, weil es dämonisch kontaminiert sei). Das ist aber nur die eine Seite. Die andere Seite ist die, dass der Herr selbst darauf großen Wert legt, dass wir Unzucht und Götzenopfer *konsequent* meiden, denn in den Sendschreiben an Ephesus (Offb 2,6) und Pergamos (Offb 2,14-15) wird die Lehre der Nikolaiten besprochen und in Thyatira die Prophetin Isebel (Offb 2,20), die alle die Unbedenklichkeit von Unzucht und Götzenopferfleisch lehrten, *„[Werke], die auch ich hasse"*, spricht der Herr (Offb 2,6). *Wenn der Herr Jesus etwas hasst, und wir erklären es für eine Sache persönlicher Freiheit, dann reizen wir den Herrn zur Eifersucht.* Was dann passiert, darüber handelt der Exodus: Viele gehen deshalb verloren, Brüder werden um einer Speise willen *zerstört* (1.Kor 8,11).

Das ist also der Kontext, der Grund für diese Ausführungen. Es geht nicht um einzelne „kleinere" Sünden, sondern um Götzendienst und Unzucht, böse Begierde, ein Zurückfallen in den sündigen Lebensstil der Welt. In all der Sünde ist Gott bereit, nicht nur in aller Strenge zu strafen, sondern auch all jene zu retten, die durch das Gericht Gottes erschüttert zur Umkehr bereit sind, indem

- Fürbitte für die Sünder getan wird,
- beherzt das Sündigen beendet wird
- und wir zum gekreuzigten Herrn aufblicken dürfen (die bronzene Schlange).

Doch die blutige Realität der Gerichte mit ihren erschreckend hohen Opferzahlen verbietet es uns kategorisch, solche Sünden auf die leichte Schulter zu nehmen, denn es geht um Leben und Tod, mehr noch: Um

Heil und Verdammnis.[71] Was bewahrt uns vor dem Scheitern? Wertschätzung des Mannas und die Vorfreude auf das Erbteil, zu dem wir unterwegs sind, ohne die Zeit in Ägypten auch nur ansatzweise zu verklären; das heißt: Ein ausdauernder, gehorsamer Glaube.

Wer meint zu stehen ...

1.Kor 10,11-13: *„Alle diese Dinge widerfuhren jenen als Vorbilder. Sie wurden aufgezeichnet zu unserer Ermahnung, zu denen die Enden der Weltzeiten gelangten. Daher: Wer meint zu stehen, sehe zu, dass er nicht falle. Keine Versuchung hat euch erfasst als nur eine menschliche. Aber Gott ist treu, der euch nicht über euer Können hinaus versuchen lassen wird, sondern mit der Versuchung auch den Ausgang schaffen wird, sodass ihr sie werdet ertragen können."*

Soll uns diese Geschichte Angst machen? Angst passt ja so gar nicht in unser Verständnis von Gnade und Liebe. Es soll zumindest eines nicht geschehen, dass wir uns in falscher Sicherheit wähnen und uns Nachlässigkeiten auf dem Weg erlauben, die sich als tödlich erweisen könnten. Wir stehen durch Glauben, und ich gehe davon aus, dass die meisten Leser dieser Zeilen dies für sich beanspruchen. Gerade das soll uns

---

[71] Manchmal wird skeptisch rückgefragt, ob die Israeliten, nur weil sie in der Wüste gestorben sind, verdammt waren. Hintergrund ist der, dass „die Sünde zum Tode" nur als „leiblicher Tod" aufgefasst wird (Wie bei Hananias in Sapphira in Apg 5), jedoch als entkoppelt vom ewigen Gericht. Meine Antwort darauf ist, dass der Exodus ein Abbild der Errettung ist, und das, was dort in zeitlichen Ereignissen berichtet ist, ewige Bedeutung hat. Die Heilsverheißung an Israel war das gelobte Land, unsere Heilsverheißung ist der Eingang in das Reich Gottes. Das Nichterreichen der Verheißung im Exodus weist daher auf das Nichterreichen der Verheißung im Neuen Bund hin. Ich sehe keinen Grund zur Annahme, dass Gott Christen, die Er als Strafe aus dem Leben reißt, um Seine Heiligkeit in Erinnerung zu rufen, damit „belohnt", dass Er sie aus der Welt herausnimmt und quasi vorzeitig in Seine Herrlichkeit beruft. Ich rechne eher damit, dass diese auch in Ewigkeit als verworfen gelten. Explizit geschrieben steht dies allerdings nicht.

zu entsprechender Vorsicht mahnen, denn am jenseitigen Ufer des Roten Meeres angelangt, war verständlicher Weise Fest- und Jubelstimmung (2.Mo 15), doch die Ernüchterung folgte nur wenige Tage später als Hunger und Durst einsetzten. Die wichtigste Erkenntnis aus dem Exodus ist, dass wir auf einem *Weg der Erlösung* sind. Wir können wohl sagen, wir sind errettet, was unsere Befreiung aus der Macht der Sünde (Ägypten) betrifft; jedoch können wir nicht sagen, errettet zu sein, was unser Ankommen im Erbteil betrifft, denn es liegt noch ein Wüstenweg vor uns. Hier müssen wir gut verstehen, wie sehr unsere Errettung zu der Israels parallel verläuft! Die tägliche Rettung durch das Manna, Gottes Beistand und Jesu Fürbitte in allen Anfechtungen, all das ist wesentlich für uns, das Ziel zu erreichen. Gott ist täglich am Wirken, um uns zu bewahren.

Darum ist auch diese Verheißung golden, dass es keine Versuchung gibt, aus der Er keinen Ausgang schaffen würde. Nichts übersteigt unsere Kraft – wobei unsere Kraft, das muss ich ergänzen, im Heiligen Geist besteht, der uns gegeben ist; denn Paulus spricht von Gläubigen und nicht von unserer fleischlichen Voraussetzung. *„Ich bin stark für alles in dem, der mich stets innerlich kräftigt, Christus"*, schreibt Paulus deshalb in Phil 4,13.

Doch die Verheißung umfasst mehr als das, was (durch Gott) in uns ist. Die Beispiele aus dem Exodus zeigen vielfache Anfechtungen und Prüfungen, in denen

- *der erhöhte Herr* durch Seine Fürbitte,
- der immer bei uns *gegenwärtige Herr* durch Sein Mittragen,
- *der fürsorgende Gott* durch Speise und Trank, das Blut des gekreuzigten Herrn in all den Opfern der Stiftshütte Hilfe und Rettung zur rechten Zeit schenkt.

Worauf es ankommt ist, dass wir den Blick nicht von Ihm und all den Zeugen Seiner unverbrüchlichen Treue abwenden, wie es im Hebräerbrief heißt (Heb 12,1-2): *„Ja, so lasst denn also auch uns, da wir so eine große Wolke von Zeugen haben, die uns umgibt, nach Ablegen alles Beschwerenden und der Sünde, die einen so leicht umstrickt, mit Ausdauer laufen in dem Wettlauf, der vor uns liegt, dabei hinwegsehen auf Jesus, des Glaubens Anführer und Vollender, der für die Freude, die vor ihm lag, das Kreuz erduldete – die Schande hatte er verachtet – und sich setzte zur Rechten des Thrones Gottes; denn betrachtet den, der so großen Widerspruch von den Sündern gegen sich erduldet hat, damit ihr nicht ermüdet und dabei in euren Seelen ermattet. In dem Ringen mit der Sünde habt ihr noch nicht bis aufs Blut widerstanden."*

Bei aller Sicherheit, die wir in Christus haben, dürfen wir den gesunden Respekt vor den Gefahren des Weges und den vielfältigen Möglichkeiten des Scheiterns jedoch nicht außer Acht lassen. Paulus schreibt nicht zu Unrecht in Phil 2,12-14: *„Daher, meine Geliebten, so wie ihr allezeit gehorchtet, bringt, nicht nur wie in meiner Anwesenheit, sondern nun viel mehr in meiner Abwesenheit, mit Furcht und Zittern eure eigene Rettung zuwege, denn es ist Gott, der in euch wirkt, sowohl das Wollen als auch das Wirken zugunsten des Wohlgefallens. Tut alles ohne Murren und Bedenken [oder zweifelnde bzw. unwillige Überlegungen]."* Dieser Vers kann nicht richtig verstanden werden, wenn wir ihn nicht im Licht des Exodus lesen (auf den das Murren und Zweifeln anspielt); denn sobald man die Errettung als etwas Punktuell-Einmaliges versteht (indem man alles auf die Vergebung der Sünden reduziert), würde es bedeuten: *„Erarbeitet euch eure Sündenvergebung!"* Das ergibt biblisch und logisch keinen Sinn.[72]

Wenn man aber versteht, dass wir durch Gottes Macht aus der Macht der Sünde errettet worden sind (vergangener Aspekt der Errettung), und nun

---

[72] Vergebung wird immer geschenkt. Müssten wir sie erwirken, wäre Vergebung die Folge einer Form von Wiedergutmachung, damit aber wäre es keine Vergebung mehr sondern Begleichung.

auf dem Weg zum Erbteil hin sind (gegenwärtiger und zukünftiger Aspekt), dann ist es stimmig, denn nun heißt es, die bereits geschehene Errettung (die Erlösung) „auszuarbeiten" oder „zu kultivieren",[73] nicht jedoch zu erarbeiten. Furcht und Zittern sind wesentlich, da wir aus dem Exodus erkennen, was die Folge ist, wenn wir im Unglauben ungehorsam werden.

Angst ist hier ebenso angebracht, wie wenn wir in der Felswand kletterten und in die Tiefe blickten: „Wenn es uns da hinunterwirft, zerschellen wir!" Darum werden wir – *mit Furcht und Zittern* – darauf Acht haben, wie mit Seil, Haken und Karabiner *durch einen gehorsamen Glauben* an den Fels gebunden und gesichert zu bleiben, während wir uns Schritt für Schritt zum Gipfel hocharbeiten. So sind die Furcht und das Zittern zu verstehen. Nicht als ein panisches Hinabblicken in die Tiefe, auch nicht als ein ehrfürchtiges Bestaunen des Gipfels, sondern als *ein realistisches Abschätzen der Gefahren* und der dementsprechenden *Sorgfalt* im Glauben.

Das Murren und der Zweifel, die Paulus hier anspricht, erinnern uns sehr deutlich an den Exodus. Es waren diese Haltungen, die zum Scheitern führten. Murren, weil der Weg des Glaubens doch auch mit Anstrengung und Entbehrungen verbunden ist, unwillige Bedenken, weil die „Sicherungstechniken" *akribische Sorgfalt* erfordern. Gerne hätten wir es anders, einfacher.

---

[73] So die Fußnote in der Jantzen-Übersetzung. Der Vergleich zur Landwirtschaft (kultivieren) ist deshalb stimmig, weil kein Bauer Macht hat, aus einem Samenkorn einen Halm hervorzubringen. Dieses Lebenswunder liegt gänzlich in Gottes Hand; jedoch ist jeder Landwirt sorgfältig bemüht, die Pflanze gedeihen und viel Frucht bringen zu lassen, indem er alles, was sie krank machen oder abtöten könnte, zu verhindern sucht. Er wird Unkraut jäten und Dünger zuführen, Schädlinge fernhalten und bewässern, wenn der Regen ausbleibt. Die Gefahr, dass das gottgewirkte Leben fruchtlos abstirbt, ist real.

Ein Hauptgrund für das Scheitern vieler ist der, dass wir durch unzureichende Lehre zu wenig auf den Weg vorbereitet worden sind. Wenn unser Evangelium sich nämlich darin erschöpft, keine Ziegel für den Pharao mehr brennen zu müssen, uns aber nicht bewusst gemacht wird, dass wir eine neue Berufung und einen Weg vor uns haben, der mit großen Herausforderungen verbunden ist, dann werden wir unterwegs meutern und sagen: „Das war aber nicht ausgemacht!" Dann gilt es, unser Verständnis des Evangeliums zu vertiefen, oder wir werden innerlich nach Ägypten umkehren.

Diese Vertiefung war das Hauptanliegen der letzten Seiten, und es gäbe noch viel dazu zu sagen. Meine Haupterkenntnis ist die, dass das Errettungswerk in Christus sich nicht in der einmaligen Zurechnung der Vergebung erschöpft, sondern uns durch das Rote Meer der Taufe hindurch auf eine Reise in ein ewiges und unbeflecktes Erbteil führt, eine Reise, auf der wir täglich das rettende Eingreifen Gottes erleben, weil wir auch beständig herausgefordert und angefochten werden. Das ist notwendig, um im Glauben zu reifen und unserer Berufung, ein königliches Priestertum zu sein, besser und tiefer zu entsprechen. Damit wir heilig werden, wie Er heilig ist.

ES IST EINE KRAFT GOTTES
Wir sind keine „armen Sünder" mehr

Die Beweisführung des Paulus, dass wir aus Glauben gerechtfertigt werden, gehört zum Kern des Neuen Testaments. Wie zentral dieses Thema für ihn ist, geht schon aus den Einleitungsversen des Römerbriefs hervor:

Röm 1,15-17: *„Dementsprechend ist bei mir Bereitschaft, ja ein Drang, auch euch, denen in Rom, die gute Botschaft zu sagen, denn ich schäme mich nicht der guten Botschaft des Christus, denn sie ist Kraft Gottes zur Rettung einem jeden, der glaubt, dem Juden zuerst, und auch den Griechen, denn die Gerechtigkeit Gottes wird darin geoffenbart: Aus Glauben zu Glauben, so wie geschrieben ist: Der Gerechte wird aus Glauben leben. (Hab 2,4)"*

Allein dieser Text reißt mehrere Themen des Römerbriefes an, die wesentlich sind, um am Ende auch den Wert des Schriftbeweises in Habakuk zu erfassen:

- Die Kraft Gottes zur Rettung
- Die Gerechtigkeit Gottes
- Juden wie Griechen unter derselben Voraussetzung
- Das Prinzip des Glaubens, abgeleitet vom Propheten Habakuk

Die Kraft Gottes

Die Kraft Gottes steht im Römerbrief unserer Kraftlosigkeit gegenüber. In unserer gefallenen Natur lebt nichts Gutes, musste sich selbst der gesetzestreue Pharisäer Paulus eingestehen, um die in Christus angebotene Gnade ergreifen zu können. Röm 7,23: *„Denn ich sehe ein anderes Gesetz in meinen Gliedern, das gegen das Gesetz meines Denksinnes Krieg führt und mich nimmt und zu einem Gefangenen des Gesetzes der Sünde macht, das in meinen*

Gliedern ist." Der Ausweg aus dieser verzweifelten Situation kommt im darauffolgenden Kapitel; Röm 8,1-4: „*Es ist nun gar keine Verurteilung für die, die in Christus Jesus sind, die nicht nach dem Fleisch wandeln, sondern nach dem Geist, denn das Gesetz des Geistes des Lebens in Christus Jesus machte mich frei von dem Gesetz der Sünde und des Todes [Rückbezug auf Röm 7,23], denn was dem Gesetz Gottes unmöglich war, worin es schwach war durch das Fleisch: Gott schickte seinen eigenen Sohn in der Ähnlichkeit (o. Gleichheit) des Fleisches des Sünde und als das Opfer für Sünde und verurteilte die Sünde im Fleisch, damit das Gerechte des Gesetzes in uns erfüllt würde, die wir nicht nach dem Fleisch wandeln, sondern nach dem Geist."*

Die Antwort Gottes auf die Kraftlosigkeit des sündigen Menschen erschöpft sich nicht darin, dem Sünder zu vergeben, weil er nicht anders kann als zu sündigen. *Die Antwort ist die Kraft Gottes,* der Geist Gottes in uns, der es uns ermöglicht, in Seiner Kraft, indem wir im und durch den Geist leben, das uns menschlich Unmögliche zu tun: Die Gerechtigkeit des Gesetzes Gottes zu erfüllen.

Die Gerechtigkeit Gottes

Die Gerechtigkeit Gottes muss meines Erachtens daher in diesem Licht verstanden werden, wie überhaupt Gerechtigkeit *immer* mit dem Gesetz und Seinen Rechtsforderungen (aber auch mit Barmherzigkeit) verbunden ist. Die Gerechtigkeit Gottes wird also durch den Glauben geoffenbart, wird sichtbar und manifest in den Leben derer, die in der Kraft Gottes leben.

Das Thema der Rechtfertigung des Sünders durch den Glauben ist daher zentral im Römerbrief, und gerade diesen Aspekt machte Luther groß, sodass er diesen Brief als den tiefsten Ausdruck des Evangeliums empfand.[74]

Leider herrscht unter Protestanten die Sicht vor, dass die Rechtfertigung nur „zugerechnet" wird, also völlig unabhängig von einer Lebensveränderung zu verstehen sei;[75] daher auch das *„simul iustus et peccator"* (zugleich Gerechter und Sünder), das mit den Worten „ich bin ja nur ein armer Sünder" vielen Christen *den Blick an ihre gefallene Natur bindet* und jegliche praktische Verwirklichung der Rechtfertigung als Illusion erfahren lässt. Sie trösten sich mit Römer 7 und gelangen nie zum Triumph aus Römer 8; die Gerechtigkeit Gottes bleibt die Gerechtigkeit Gottes, ihnen wohl „zugerechnet", aber ohne signifikante sichtbare Verwirklichung in ihrem Leben; sie erfahren die Kraft Gottes in ihrem Leben nur unzureichend (um nicht zu negativ zu schreiben) und geben sich (teils

---

[74] „DIESE EPISTEL IST DAS RECHTE HAUPTSTÜCK des Neuen Testaments / und das allerlauterste Evangelium / Welche wohl würdig und wert ist / daß sie ein Christenmensch nicht allein von Wort zu Wort auswendig weiß / sondern täglich damit umgeht / wie mit täglichem Brot der Seelen denn sie kann nie zu viel und zu sehr gelesen oder betrachtet werden / und je mehr sie gehandelt wird / desto köstlicher wird sie / und besser schmeckt sie." **(Martin Luther, Vorrede zum Römerbrief)**
http://www.glaubensstimme.de/doku.php?id=autoren:l:luther:v:luther-vorrede_auf_den_roemerbrief

[75] So William Mac Donald in seinem **Kommentar zum Neuen Testament** (CLV Bielefeld, 1989) zu Röm 3,24: *„Rechtfertigung heißt jedoch nicht, dass jemand wirklich an sich gerecht gemacht wird. ... Gott macht den Sünder nicht an sich sündlos oder gerecht, sondern Gott schreibt die Gerechtigkeit praktisch auf seinem Konto gut."* Der Grund für dieses Missverständnis liegt – einmal mehr – in der Reduktion des Evangeliums auf Vergebung der Sünde. Das Ergebnis sind zwar religiöse Menschen, die aber ihr zu-kurz-Kommen laufend damit rechtfertigen, in ihrem Wesen ja gar nicht verändert worden zu sein. Sie haben einen Schein der Gottesfurcht, verleugnen, bzw. verkennen jedoch Seine Kraft (2.Tim 3,5), weil ihnen diese durch ihrer Lehrer im Glauben vorenthalten wird.

resignierend, teils, weil sie nichts Besseres kennen) mit einem Leben auf „religiösem" Niveau zufrieden.

Was aber meint Paulus, wenn er von der Rechtfertigung schreibt? Zuerst, dass sie unabhängig vom Gesetz des Mose offenbart wird, weil kein Fleisch durch das Halten des Gesetzes gerechtfertigt werden kann (Röm 3,20), was – wie er später ausführt (Kap 7) – an dem anderen Gesetz liegt, das in uns wirkt und dem Gesetz Gottes entgegenwirkt. Darum kann die Lösung unseres Problems, nämlich dass wir nicht den Maßstäben der Gerechtigkeit Gottes entsprechen können, nur getrennt und unabhängig vom Mosaischen Gesetz kommen. Röm 3,21-26: *„Nun ist aber, ohne Gesetz, Gottes Gerechtigkeit geoffenbart worden, bezeugt durch das Gesetz und die Propheten, Gottes Gerechtigkeit aber durch Glauben an Jesus Christus – für alle und auf alle, die glauben, denn es ist kein Unterschied [nämlich: Kein Unterschied zwischen Juden und Griechen!], denn sie alle sündigten, und sie reichen nicht an die Herrlichkeit Gottes heran [d.h. seinen heiligen und vollkommenen Charakter]; sie werden geschenkweise gerechtfertigt durch seine Gnade, durch die Erlösung, die in Christus Jesus, den Gott in seinem Blut darstellte als Sühnemittel, durch den Glauben, zum Erweis seiner Gerechtigkeit wegen des Hinweggehens über die zuvor geschehenen Sünden[76] in der Zurückhaltung Gottes, ja zum Erweis seiner Gerechtigkeit in der gegenwärtigen Zeit, um gerecht zu sein und zu rechtfertigen den, der aus Glauben an Jesus ist."* Eben

---

[76] Das ist eine interessante Formulierung, die eine Parallele zu 2.Petr 1,9 („Reinigung von seinen alten [o. vorigen] Sünden"). Gott sieht über die Sünden vor [!] unserer Bekehrung hinweg; u.a. weil wir aufgrund unserer Natur gar nicht anders konnten. Mit unserer Bekehrung hat Er eine Vorkehrung getroffen, dass wir nicht mehr sündigen *müssen*. Darum heißt es auch, dass Er in der *gegenwärtigen* Zeit Seine Gerechtigkeit erweist, sichtbar macht, indem Er Sünder *zu Gerechten macht*, die in ihrem Leben Gottes Gerechtigkeit der Welt gegenüber offenbaren. Das ist übrigens ein Gegensatz zu der oft gehörten Behauptung: Alle Sünden der Gegenwart, Vergangenheit und Zukunft seien bezahlt, was einem Blankoscheck für das Fleisch gleichkommt. Gott geht es nicht um Vergebung, sondern um Veränderung. Er vergibt überaus großzügig, aber nicht jenen, die Seine Gnade als Deckmantel ihrer Bosheit missbrauchen wollen (1.Petr 2,16).

weil wir diese Gerechtigkeit selbst nicht hervorbringen können, müssen wir entweder verloren gehen, oder Gott beschenkt uns mit dieser Gerechtigkeit. Gott sei Dank, Er entschied sich für das Zweite und war bereit, den höchsten Preis zu zahlen, der vorstellbar ist: Das Blut Seines Eigenen Sohnes. Es ist notwendig, durch Glauben an den Sohn Gottes gerechtfertigt zu werden.

Auch hier: Die Antwort auf unsere Sündhaftigkeit ist nicht einfach „Vergebung", sondern „Rechtfertigung" bzw. „Gerechtmachung". Das ist eine *praktische* Angelegenheit und erschöpft sich nicht einer „Zurechnung" oder einer „Neuetikettierung" im Sinne von: *„Du bist zwar ein Sünder, aber nun wirst Du als Gerechter betrachtet."* Darum schreibt Paulus in Röm 5,21: *„Damit [das ist der Zweck der Erlösung in Christus!] geradeso, wie die Sünde im Tode als König herrschte, so auch die Gnade als König herrsche durch Gerechtigkeit zu ewigem Leben durch Jesus Christus, unsern Herrn."* Die Gnade übernimmt das Kommando und herrscht durch Gerechtigkeit; die Kraft Gottes ist wirksam und lässt uns unsere Kraftlosigkeit überwinden und die Gerechtigkeit Gottes, wie sie in den Rechtsforderungen des Gesetzes zum Ausdruck kommt, verwirklichen (Röm 8,1-4).

Die Gerechtigkeit Gottes wird uns geschenkt, aber sie muss auch verwirklicht werden, indem wir uns der Herrschaft Christi unterwerfen. Darum kommt unmittelbar nach Röm 5 das Kapitel, indem erklärt wird, *wie* das für uns Wirklichkeit wird, nämlich indem wir in der Taufe mit dem Tod und der Auferstehung Jesu eingemacht werden (Röm 6). Das Wunder der Wiedergeburt ist die Voraussetzung dafür, in dieser *„Neuheit des Lebens"* (Röm 6,4) wandeln zu können, im und durch den Geist zu leben, um so *„die Sünde nicht mehr König sein"* zu lassen in unserem *„sterblichen Leibe"* (Röm 6,12). Stattdessen werden wir zu Knechten, zu Sklaven Christi, der uns durch sein Blut aus der Sklaverei der Sünde erkauft und zu Seinem Eigentum erworben hat (Röm 6,18).

So wird Gottes Gerechtigkeit zu unserer Gerechtigkeit, einer gelebten, verwirklichten Gerechtigkeit, nicht bloß einer „zugerechneten". Die auf Martin Luther zurückgehende Ausrede, wir seien ja nur „arme Sünder" und unfähig zu allem Guten,[77] zählt deshalb nicht.

Dieselbe Voraussetzung für alle Menschen

Für Juden und Griechen gilt hier dieselbe Voraussetzung. Darum finden wir im Römerbrief immer wieder Formulierungen wie *„es ist kein Unterschied"* (Röm 3,22) oder *„dem Juden zuerst und auch dem Griechen"* (Röm 1,16). Es geht nicht bloß darum, dass alle Menschen gleich sind, sondern um das Verhältnis zwischen Juden und Nichtjuden; denn den Juden war ja das Gesetz Gottes gegeben und alle Verheißungen, die Bündnisse, die Sohnschaft (Röm 9,4). Selbstverständlich betrachteten sie das als einen Vorzug, und es ist auch ein Vorzug in dem Sinn, dass ihnen *zuerst* das Evangelium gebracht wurde; darum heißt es nie *„dem Griechen zuerst und auch dem Juden"*, immer haben die Juden den Vorrang (vgl. auch Apg 13,46). Doch in der menschlichen Voraussetzung besteht kein Unterschied zwischen Juden und Griechen.

Nachdem Paulus daher die Sünde der Nationen in ihrem Götzendienst und ihrer Sittenlosigkeit deutlich machte (Röm 1,18-32), macht er auch

---

[77] „Er erklärte, dass Heilige in ihrer eigenen Einschätzung immer Sünder seien und deshalb in Gottes Einschätzung gerechtfertigt würden. Heuchler hingegen seien in ihrer eigenen Einschätzung immer Gerechte, weshalb sie in Gottes Einschätzung immer sündig seien. Daraus zog Luther den Schluss, dass deshalb beide für Gott Gerechte und Sünder zugleich seien. Durch dieses *simul iustus et peccator* wollte Luther den Unterschied zwischen Heiligen und Heuchlern jedoch nicht aufheben, da nur die Heiligen, die ihre eigene Sünde erkennen, durch Gottes Gnade gerecht würden. Gerecht seien sie jedoch nur dadurch, dass Gott ihnen die Sünde nicht anrechnet und das Versprechen gegeben hat, sie endgültig von der Sünde zu befreien. Die Heiligen seien somit in ihrer Hoffnung gerecht, **in Wirklichkeit aber weiterhin Sünder.**" http://de.**wikipedia**.org/wiki/**Simul_iustus_et_peccator**

die Juden als Übertreter offenbar; und Ihre Sünde scheint schwerer zu wiegen, da sie die Offenbarung des Gesetzes hatten und dennoch Gesetzesübertreter waren (Röm 2,17-25). Diesen selbstsicheren Juden (und darin eingeschlossen sehe ich die gesetzestreuen Judenchristen, die den Heidenchristen das Gesetz aufbürden wollten – Apg 15) stellt Paulus nun ein Phänomen vor Augen, an dem sie nicht vorbei konnten (Röm 2,14-15.26-29): *„Denn wenn [eig. wann – also kein hypothetisches wenn!* [78] *] die, die von den Völkern sind, die das Gesetz nicht haben, von Natur aus das vom Gesetz Geforderte tun, sind diese, die das Gesetz nicht haben, sich selbst ein Gesetz, welche das Werk des Gesetzes, geschrieben in ihren Herzen aufweisen, indem ihr Gewissen mitbezeugt und indem zwischen ihnen wechselweise die Gedankenurteile anklagend oder auch entschuldigend sind. ...Wenn also die Unbeschnittenheit das Gerechte [bzw. die Gerechtigkeiten] des Gesetzes befolgt, wird nicht ihre Unbeschnittenheit für Beschneidung gerechnet werden und die Unbeschnittenheit von Natur, die das Gesetz ausführt, dich richten, der du bei geschriebenem Gesetz und Beschneidung ein Übertreter des Gesetzes bist? Denn nicht der, der es im Sichtbaren ist, im Fleisch, ist Jude, noch ist die, die es im Sichtbaren ist, im Fleisch, Beschneidung, sondern der, der es im Verborgenen ist, ist Jude, und Beschneidung ist die des Herzens, im Geist, nicht im geschriebenen Gesetz. Eines solchen Lob ist nicht von Menschen, sondern von Gott."*

Was ist hier so besonders? Menschen, die von Natur aus unbeschnitten sind und außerhalb Israels und ohne dem geschriebenen Gesetz leben,

---

[78] Das scheint insignifikant, ist es aber nicht: Denn das „Wenn" ist ein „gesetzt den Fall", d.h. das kann oder kann nicht passieren. Das „Wann" jedoch sagt: „Wann immer das passiert, dann ..." – es geschieht also, und weil es *tatsächlich* vorkommt, dass Unbeschnittene das Gesetz erfüllen, ist das ein schlagendes Argument für die Kraft des Evangeliums! Wenn Paulus in Vers 26 dann doch ein „wenn" gebraucht, setzt das die Tatsächlichkeit bereits voraus. *Ohne die Tatsächlichkeit der erfüllten Gerechtigkeit seitens der Unbeschnittenen wäre das ganze Argument kraftlos.*

leben gemäß der Gerechtigkeit des Gesetzes! Paulus spricht hier ganz eindeutig von den Gläubigen aus den Nationen,[79] deren Herz durch den Heiligen Geist beschnitten wurde; denen das Gesetz durch denselben auf die Herzen geschrieben wurde und die deshalb die Gerechtigkeit des Gesetzes leben.

Hier werden die Kraft Gottes und die Gerechtigkeit Gottes derart unleugbar sichtbar, dass Paulus die Heidenchristen den Juden als einen *lebendigen Beweis* der Wahrheit des Evangeliums vor Augen stellen kann. Was vielleicht irritiert, ist das *„von Natur aus"* (V 14), das Paulus selbst aber erklärt mit *„die Unbeschnittenheit von Natur"*, d.h. ohne zuvor beschnitten und Juden geworden zu sein. Die *menschliche* Natur (Fleisch genannt) – und da ist ja kein Unterschied zwischen Juden und Griechen – ist gefallen und in der Sünde gebunden. *Erst die Beschneidung des Herzens schafft die neuen*

---

[79] Das wird jedoch oft übersehen. **John Mac Arthur** kommentiert in seiner **Studienbibel** Röm 2,14 folgendermaßen: *„Von Natur aus tun, was das Gesetz verlangt: Menschen aus heidnischen Kulturen haben in der Regel eine gewisse Wertschätzung für die grundlegendsten Lehren des Gesetzes Gottes, auch ohne dass sie das geschriebene Gesetz kennen, und sie versuchen diese Grundprinzipien zu praktizieren. Für solche Kulturen ist es normal, instinktiv (s. Anm. zu V. 15) Gerechtigkeit, Ehrlichkeit, Mitleid und Güte anderen gegenüber zu schätzen. Dadurch zeigen sie, dass das Gesetz Gottes in ihre Herzen geschrieben ist. Sie sind sich selbst ein Gesetz. Dass sie einige gute Werke tun und einige böse Taten ablehnen, weist hin auf eine innere Kenntnis des Gesetzes Gottes. Diese Kenntnis wird am Tag des Gerichts gegen sie zeugen."*
Er ist gezwungen, den Text herunter zu spielen: *„eine gewisse Wertschätzung für die grundlegendsten Lehren"* oder *„einige gute Werke"*. Solche Einschränkungen werden im Text aber nicht gemacht. Paulus hätte so ein schwaches Beispiel nie bringen können, denn genau das tun die Juden ja auch; jeder Jude hat einen gewissen Prozentsatz des Gesetzes gehalten, manche sogar so weit, dass Gottes Wort selbst sie als tadellos beschrieb (Luk 1,6). Und da sollen sie durch einen Urwaldstamm beschämt werden, der zwar kannibalisch lebt aber beispielsweise davon überzeugt ist, dass eine Lüge wirklich etwas Böses sei? John Mac Arthur verkennt die Signifikanz der erfüllten Verheißungen des Neuen Bundes in diesem Text und die dadurch tatsächlich erfüllte Gerechtigkeit des Gesetzes. Das Argument des Paulus ist extrem starker Tobak!

Voraussetzungen, die Rechtfertigung und das Leben aus der Kraft des Geistes – im Grunde kann man all diese Begriffe synonym auffassen.

In diesen Krafterweisen Gottes erfüllen sich folgende zentrale Verheißungen des Neuen Bundes: Jer 31,33: *„Sondern dies ist der Bund, den ich mit dem Hause Israel machen werde nach jenen Tagen, spricht Jahwe: Ich werde mein Gesetz in ihr Inneres legen und werde es auf ihr Herz schreiben; und ich werde ihr Gott, und sie werden mein Volk sein."* Hes 11,19-20: *„Und ich werde ihnen ein Herz geben, und werde einen neuen Geist in euer Inneres geben; und ich werde das steinerne Herz aus ihrem Fleische wegnehmen und ihnen ein fleischernes Herz geben: auf dass sie in meinen Satzungen wandeln und meine Rechte bewahren und sie tun; und sie werden mein Volk, und ich werde ihr Gott sein."* Das Ergebnis kann nicht anders als wunderbar bezeichnet werden: Die Rechtsforderungen Gottes werden nun erfüllt, weil die menschlichen Voraussetzungen grundlegend und radikal verändert wurden.

Das Prinzip des Glaubens

Dieses Evangeliums schämt sich Paulus nicht, denn es ist kräftig, und der Beweis steht jedem vor Augen: Die Gerechtigkeit Gottes in den Leben der Gläubigen! Endlich, kann man sagen, kommt Gott zu Seinem Recht! Predigen wir dieses Evangelium, oder haben wir uns mit dem schwachen „simul iustus et peccator" abgefunden, welches ein *Evangelium der Kraftlosigkeit* ist? Im Gegensatz zum Schriftbeweis des Paulus läuft es nämlich darauf hinaus: *„Der – praktisch gesehen – Ungerechte wird durch Glauben leben."* Doch genau das sagt der Vers ja nicht aus:

„Der Gerechte wird aus Glauben leben" ist der Ausgangspunkt der Erörterungen. Paulus bezieht diese Einsicht aus einem kleinen Halbvers beim Propheten Habakuk, mitten aus einer Gerichtsrede (Hab 2,3-4): *„Denn das Gesicht geht noch auf die bestimmte Zeit, und es strebt nach dem*

Ende hin und lügt nicht. Wenn es verzieht, so harre sein; denn kommen wird es, es wird nicht ausbleiben. Siehe, aufgeblasen, nicht aufrichtig ist in ihm seine Seele. Der Gerechte aber wird durch seinen Glauben leben."

Das Gericht Gottes ist auch ein prominentes Thema im Römerbrief, es betrifft jeden Menschen. Wie wird man nun dieses Gericht „überleben"? Durch Glauben, und das ist – tatsächlich! – bereits ein *alttestamentlicher* Grundsatz. Hierin besteht zwischen den Testamenten *kein Unterschied*. Es ist aber ganz wichtig, genau zu lesen, was dieser Vers sagt und nicht sagt. Ich möchte daher einige Verfremdungen vornehmen und besprechen:

Der Gerechte wird nicht durch seine Gerechtigkeit leben

Wir haben einerseits gesehen, dass die menschliche gefallene Natur diese Gerechtigkeit gar nicht hervorbringen *kann*, die an Gottes Standard an Herrlichkeit heranreicht. Aber auch wir, die wir die Gnade des Glaubens haben, leben nicht frei von Übertretungen. Wäre unser Heil davon abhängig, dass wir ab der Taufe ein sündloses Leben führten, wären wir verdammt. Darum haben wir auch einen Fürsprecher, doch das Ziel bleibt uns vor Augen gestellt, wie Johannes schreibt (1.Joh 2,1): *„Meine Kindlein, dieses schreibe ich euch, damit es nicht vorkommt, dass ihr sündigt. Und wenn es vorkommt, dass jemand sündigt,[80] haben wir einen Fürsprecher vor dem Vater, Jesus Christus, einen Gerechten."* Es ist ganz wichtig, dass wir uns zuerst der Tatsache bewusst sind, dass es keinen Grund mehr gibt zu sündigen, wenn wir in der Kraft Gottes durch den Geist Gottes leben.

Zweitens, auch das macht der Vers ganz klar, geht es um *vereinzelte* Verfehlungen und nicht mehr um einen Lebensstil, denn 1.Joh 3,9 sagt: *„Jeder aus Gott Geborene tut nicht [im fortdauernden Sinne] Sünde, weil sein Same*

---

[80] Die Zeitform im griechischen Text meint hier eine einmalige, punktuelle bzw. nicht andauernde Handlung (Aorist)

in ihm bleibt; und er kann nicht [im fortdauernden Sinne] sündigen,[81] *weil er aus Gott geboren ist."* Dazu gehört auch (1.Joh 5,18b): *"Der, der aus Gott geboren ist, bewahrt sich selbst, und der Böse tastet ihn nicht an."*

Darum ist die praktische Vollkommenheit nicht der Weg zum Heil, sondern wir sind auf einen Fürsprecher angewiesen. Wir werden also nicht durch unsere Gerechtigkeit sondern durch den Glauben an Christus leben; doch dieser Glaube ist ebenfalls *kein punktuelles Ereignis* (Bekehrung), sondern *eine lebendige Beziehung,* eine Abhängigkeit von Ihm, wie eine Rebe, die am Weinstock hängt. Wenn wir nicht an ihm bleiben, dann verdorren wir und sterben ab (Joh 15,1-8).

Der Ungerechte wird nicht durch den Glauben leben

Wenn wir verstanden haben, dass das Ziel der Errettung gelebte, verwirklichte Gerechtigkeit ist, sollte das eigentlich klar sein. Dennoch gibt es hier Verwirrung, weil wir instinktiv meinen, wenn es jetzt doch auf unseren Gehorsam ankäme, wäre die Gerechtigkeit ja nichts Geschenktes mehr, sondern etwas Erarbeitetes.[82] Darum muss man den Römerbrief immer und immer wieder lesen, aber nicht bloß unsere „Lieblingsverse", sondern die großen Bögen und Zusammenhänge.

Die geschenkte Gerechtigkeit ist die neue Geburt, die Beschneidung des Herzens, durch die das Gesetz auf unsere Herzen geschrieben wurde, damit

---

[81] Hier beschreibt die Zeitform eine andauernde, wiederholte Handlung (Präsens). Werden die Zeitformen nicht auseinander gehalten, kommt man zu völlig falschen Schlussfolgerungen.

[82] Nur weil unser Wille und Gehorsam gefordert sind, heißt das nicht, dass wir aus unserer Kraft leben sollen; d.h. aus unserer gefallenen, sündigen Natur heraus (vgl. Phil 2,12-14). Wir müssen aber die Realität des heiligen Geistes in uns wahrnehmen und daraus leben; Gehorsam durch den Wandel im Geist ist mit Glauben, unserem Willen und auch Gehorsam verbunden, aber nicht mehr kraftlos und versklavt durch das sündhafte Fleisch.

wir die *Gerechtigkeiten* des Gesetzes erfüllen in unserem täglichen, praktischen Leben. Es ist eine Kraft Gottes. Es geschieht daher nicht aus unserer Kraft, aber auch nicht ohne den Gehorsam des Glaubens. Paulus ist sehr, sehr deutlich, was mit Christen geschieht, ja geschehen muss, die weiterhin nach dem Fleisch leben (Röm 8,12-13): *„Dann sind wir also, Brüder, Schuldner – nicht dem Fleisch, um nach dem Fleisch zu leben, denn wenn ihr nach dem Fleisch lebt, seid ihr im Begriff zu sterben. Wenn ihr aber durch den Geist die Handlungen des Leibes tötet, werdet ihr leben [Fußnote d. Übers.: o. werdet ihr dazu beitragen, dass ihr lebt; so könnte man übersetzen, weil im Gt. Das gr. Wort für „leben" in der Sichform (Medium) steht].*[83]" Das ist eine deutliche Rede, denn wir *müssen* nicht mehr nach dem Fleisch leben, also *dürfen* wir es umso weniger.

Sünde kann passieren, ist aber durch die Neue Geburt nie mehr als „Unausweichlichkeit" zu rechtfertigen, weil wir noch immer „simul iustus et peccator" seien. Tod und Leben als Gegensätze in diesem Zusammenhang bedeuten Verdammnis oder ewiges Leben! Niemand soll sich betrügen lassen mit der Meinung, auch fleischliche Christen würden errettet werden. Das hat an keiner Stelle eine Verheißung,[84] (Röm 8,7) *„weil nämlich das*

---

[83] Kann man es deutlicher formulieren, dass wir in genau der beschriebenen Weise einen wesentlichen Beitrag zu unserer Errettung bringen müssen?

[84] 1.Kor 3,15 – *„durchs Feuer hindurch gerettet"* – wird hier meist als Einwand zitiert. Doch wer oder was sind das Holz, das Stroh und die Stoppeln, die verbrennen? Es sind nicht deine und meine mehr oder minder guten Werke, sondern die Werke der Apostel, die Paulus zuvor nannte, und das sind die einzelnen Gläubigen und Gemeinden. Darum sollen Gemeindegründer, Hirten und Lehrer mit äußerster Sorgfalt an Gottes Bau mitarbeiten, damit ihr Werk – *die Gläubigen* – im Gericht bestehen können. Der Lohn der Apostel sind die Gläubigen, die in die Herrlichkeit gelangen (Phil 2,16 und 4,1). Diese Auslegung *erzwingt* sich aus dem Textzusammenhang und ist unerhört störend für die Meisten, da sie das exakte Gegenteil aussagt von dem, was sie den Text sagen lassen wollen: *Fleischliche und fruchtleere Christen werden verbrennen*, genau so, wie der Herr selbst es im Gleichnis vom Weinstock und den Reben gesagt hat (Joh 15,6). Der Grund dafür liegt nicht zuletzt in einer Lehre, die das Fleisch stärkt und den Geist schwächt: „simul iustus et peccator".

Sinnen des Fleisches Feindschaft gegen Gott ist." Ein fleischlicher Christ ist ein Christ, der in Feindschaft gegen Gott lebt.

Das kann nur zwei Ursachen haben: Entweder ist der betreffende *nie wiedergeboren* worden, oder aber er wurde so *oberflächlich und unzureichend im Glauben unterwiesen,* dass ihm das „simul iustus et peccator" eine biblische Lehre zu sein scheint, nach der er zwar fest glaubt aber zugleich wacker sündigt. Ich möchte am Tag des Gerichts nicht sein Ältester oder Lehrer gewesen sein (Heb 13,17).

Dass Ungerechte das Reich Gottes nicht erben werden, macht Paulus unmissverständlich klar in Eph 5,3-6a: *„Aber Unzucht und alle Unreinigkeit oder Habsucht werde bei euch nicht einmal genannt, so wie es sich für Heilige geziemt, auch Schändlichkeit und albernes Gerede und Witzelei, was nicht angebracht ist, sondern vielmehr Dank; denn von diesem seid ihr in Kenntnis, dass kein Unzüchtiger oder Unreiner oder Habsüchtiger – er ist ein Götzendiener – Erbteil hat im Königreich Christi und Gottes. Niemand betrüge euch mit leeren Worten."*

Die Gerechten werden aus Glauben leben

So und nicht anders ist es; diese Gerechtigkeit ist das Kennzeichen wahrer Christen, das ist das Zeugnis Gottes in der Welt, das Zeugnis Seiner Gerechtigkeit und Seiner Kraft in uns, die wir einmal kraftlos *waren* (1.Kor 6,11): *„Und dies [Sünder aller Schattierungen] waren etliche von euch. Ihr wurdet jedoch gewaschen [Wassertaufe]! Ihr wurdet jedoch geheiligt [Geistestaufe]! Ihr wurdet jedoch gerechtfertigt [zu Gerechten gemacht, wiedergeboren]! – in dem Namen des Herrn Jesus und dem Geist Gottes."*

Darum ist es klar, dass die Bewährung unseres Glaubens notwendig ist, um am Ende auch in das Reich Gottes eingelassen zu werden; es genügt nicht, den Weg des Glaubens *begonnen* zu haben. Er muss *beibehalten* und bis zum Ende *durchgehalten* werden. Im Glauben; darum schreibt Paulus: *„Aus*

Glauben zu Glauben" (Röm 1,17), nie ohne Glauben, alles im Glauben; doch dieser Glaube ist untrennbar verbunden mit *Vertrauen*. Wir müssen der Kraft Gottes in uns vertrauen und alles vom Geist Gottes erwarten. Der Glaube ist aber auch untrennbar verbunden mit *Gehorsam* und mit *Treue*; wir wurden vom Geist Gottes erneuert, um Seinen Willen zu tun.

Das Evangelium beschränkt sich nicht auf die Vergebung der Sünden, obwohl das dazugehört. Viel Entscheidender ist die Befreiung aus der Knechtschaft der Sünde. Der Vers aus Habakuk entstammt einem Gerichtskontext. Ohne Gerechtigkeit, ohne dem Wort Gottes entsprochen zu haben, werden wir ebensowenig errettet wie ohne Glauben. Denn beurteilt werden im Gericht die Werke, nicht die Worte. Kein einziger der Gerichtstexte in der ganzen Bibel beurteilt alleine Glauben oder Bekenntnis. Doch Gott hat alles getan, damit wir im Gericht bestehen können: Die neue Geburt, um Seinen Willen zu tun, und einen Reichtum an Gnade und Vergebung für einzelne Sünden, die uns auf dem Weg passieren. Hüten wir uns aber bei unserer Seele vor jedem Rückfall in einen fleischlichen Lebensstil gewohnheitsmäßiger Sünde! Es gibt kein Wort Gottes, das in so einem Fall eine gute Verheißung ausspricht.

WIE SOLLEN WIR DENN PREDIGEN?

Nach der Lektüre dieser Broschüre werden einige überrascht, einige entsetzt, und wieder andere erleichtert sein. *Entsetzt* werden all jene sein, die Gnade und Werke als unversöhnlichen Widerspruch sehen. Wenn das Wort Gottes sie nicht überzeugt, werde ich das viel weniger können. *Erleichtert* sind hoffentlich jene, die dieses Evangelium des einmalig erlangten und unverlierbaren Heils nie geteilt haben, aber sich der Masse der Mehrheit oder der Rhetorik der Evangelisten, vor allem aber den vordergründigen Erfolgen der Methode gebeugt haben. Die *Überraschung* war ursprünglich ganz meinerseits und brachte mich ins Nachdenken. Ein Zwischenergebnis dieses Umdenkprozesses fand seinen Niederschlag in jenen Zeilen, die als Einladung zum Mitdenken gedacht sind. Natürlich bleiben Fragen offen, denn ich habe ja keine Vollständigkeit angestrebt. Es müssen auch Fragen bleiben, damit unser Herr Jesus der Lehrer bleiben kann; ansonsten setzen wir uns auf den Lehrstuhl als *„Meister der Schrift"* (vgl. Mat 23,8-10). Daher darf dieser Broschüre – biblisch begründet – widersprochen werden; eine rein dogmatische Ablehnung richtet sich allerdings selbst.

Nun möchte ich, ehe ich den Ball an die Evangelisten weiterspiele, noch ein paar Begriffe klären. Denn unsere Verkündigung basiert auf Worten, und wenn wir diese Worte inhaltlich falsch oder unzureichend bestimmt haben, trägt das wiederum zu einem falschen oder verkürzten Evangelium bei. So nötig es ist, die breiten Bögen zu erfassen, die ich in den vorangegangen Kapiteln beleuchtet habe, so entscheidend ist es daher zu wissen, was Schlüsselworte wie *„Buße", „Glaube", „Evangelium"* und dergleichen bedeuten. Dazu nun mehr oder weniger kurz gefasste Denkanstöße:

Buße und Glaube

In Mk 1,15 beginnt die Botschaft folgendermaßen: *„Die Zeit ist erfüllt, und das Königreich Gottes hat sich genaht. Tut Buße und glaubet an die gute Botschaft!"* Ich behaupte, dass kein einziger der Schlüsselbegriffe dieses Verses heute richtig verstanden wird, und ich werde das Wort für Wort nachweisen. Die Folgen sind überaus ernst, wobei mein Eindruck ist, dass der Geist Gottes vieles von dem, was wir mangelhaft predigen auszugleichen bereit und imstande ist. Er bewirkt also eine Art „Schadensbegrenzung", damit das Heil nicht in erster Linie auf wohlgesetzten und theologisch sauberen Predigten beruht, sondern auf Seinem Wirken und so auch zur Ehre Gottes und nicht des Predigers.

Ich möchte das Begriffspaar „Tut Buße und glaubt" an den Beginn stellen. In unseren Ohren klingt das etwa so wie: „Leiste eine Strafe und halte etwas für wahr!" Das Wort Buße hat bei uns diese Nebenbedeutung erhalten, eine Strafe zu sein – darum müssen wir das Wort erklären.

Ich bin absolut kein Freund übertragender Bibelübersetzungen, denn diese lösen aus zwei Gründen das Problem nicht: Erstens sind die Übertragungen oft mangelhaft („Annahme" für „Rechtfertigung" etwa, in der Hoffnung für alle), zweitens würden aus den neuen Begriffen über kurz oder lang wieder „religiöse" Begriffe werden, die nicht mehr mit dem Alltagsgebrauch desselben Wortes übereinstimmen.

Wir müssen, meine ich, akzeptieren, dass es in Fragen des Heils ebenso eine exakte Fachsprache gibt, die man zu erlernen hat, wie im Bereich der Medizin, der Mechanik oder des Druckereiwesens. *Fachsprache,* das Erlernen von Begriffen zur treffsicheren Kommunikation, *ist zumutbar.* Das aber bedeutet, dass wir in der Verkündigung darauf Bedacht zu nehmen haben, dass diese Begriffe vorerst *unbekannt* oder *missverstanden* werden. Daher müssen wir sie *illustrieren, plastisch und griffig machen.*

Die beste Illustration der Begriffe Buße und Glaube kommt aus dem ersten Jahrhundert selbst, und zwar aus der Autobiographie des jüdischen Historikers Flavius Josephus, der im jüdischen Krieg mitwirkte und folgende Begebenheit daraus schildert:

Flavius Josephus, Selbstbiographie, Abs 22: *„Alsbald begab ich mich auf den Marktplatz, ohne merken zu lassen, dass ich um den Anschlag wisse, zog eine beträchtliche Anzahl bewaffneter Galiläer und auch Tiberienser heran, gebot sodann, alle Zugänge zur Stadt aufs Strengste zu bewachen, und gab den Thorwächtern den Befehl, nur den Jesus,*[85] *wenn er käme, sowie die ersten seiner Leute einzulassen, die übrigen aber auszuschließen oder, wenn sie Gewalt brauchten, wegzujagen. Sie thaten, wie ihnen befohlen war, und als Jesus mit einigen Banditen eintrat, forderte ich ihn auf, schleunigst die Waffen zu strecken: Er sei des Todes, wenn er nicht Folge leiste. Da er sich rings von Bewaffneten umgeben sah, gehorchte er voller Schrecken; diejenigen seiner Leute aber, welche ausgeschlossen waren, flohen davon, als sie seine Gefangennahme erfuhren.*

Ich nahm nun Jesus beiseite und eröffnete ihm, dass ich den Plan, den er gegen mich geschmiedet, sehr gut kenne und auch wisse, wer ihn dazu angestiftet habe. Dennoch wollte ich ihm das Geschehene **verzeihen,** *wenn er* **seinen Sinn ändere** *und mir* **Treue gelobe.** *Er versprach denn auch, sich fügen zu wollen, worauf ich ihn freiließ und ihm erlaubte, seine Mannschaft wieder zu sammeln. Den Sepphoriten aber drohte ich mit entsprechender Strafe, wenn sie ihre Widersetzlichkeit nicht aufgäben."* [86]

---

[85] Jesus war ein häufiger Name damals. Es geht hier nicht um Jesus von Nazareth, denn die beschriebenen Ereignisse trugen sich gut 30 Jahre nach Seiner Himmelfahrt zu.

[86] Zitiert nach der Ausgabe **Flavius Josephus, kleinere Schriften,** übersetzt von **Dr. Heinrich Clementz** (Fourier Verlag, Wiesbaden 1993, S 25)

Fett hervorgehoben habe ich unsere Schlüsselbegriffe, die im griechischen Original der Biographie dieselben Worte sind wie im griechischen Text des Evangeliums. Wir erklären „Buße" und der Regel auch mit Sinnesänderung und Umkehr, was prinzipiell recht gut ist. Die volle Wucht der Aufforderung wird aber erst durch die Geschichte deutlich, denn es ist eine Aufforderung mit vorgehaltener Schwertspitze! Die Alternative zur Sinnesänderung ist der sichere Tod. Genau *so* und um kein Deut schwächer predigt Johannes der Täufer (Mat 3,10): *„Auch ist schon die Axt an die Wurzel der Bäume gelegt. Jeder Baum also, der nicht edle Frucht bringt, wird abgehauen und ins Feuer geworfen."*

Die Sinnesänderung mündet in ein Treuegelübde, genau das ist es, was an Jesus zu glauben bedeutet: *Ihm treu zu werden!* [87] Es geht also um einen *Loyalitätswechsel*. Der Bandit in der Geschichte handelte im Auftrag eines anderen und wird nun aufgefordert, an der Seite des Josephus zu kämpfen. So wie wir unter der Herrschaft Satans standen und auf die Seite des Herrn Jesus gewechselt haben. *Unser Glaube führt also nicht in einen herrschafts- und loyalitätsfreien Bereich*, sondern von einer Herrschaft in die andere. Darum ist das Evangelium mit allem Nachdruck als *Herrschaftswechsel* zu predigen, nicht als ein „unverbindliches Angebot der Sündenvergebung". Die Sündenvergebung ist nicht „gratis", sie ist nicht ohne Gegenleistung, denn sie ist gebunden an diese Form der Sinnesänderung und Unterwerfung unter einen neuen „Kommandeur".

Was uns vielleicht schlagartig deutlich wird: Sobald wir in dieser Form predigen, gibt es keinen Konflikt mehr zwischen Glauben und Werken!

---

[87] Manchmal weisen wir in unseren Predigten durchaus darauf hin, dass das griechische Wort für „glauben" (πιστεύω) sich vom Wort für „Treue" (πίστις) ableitet, und „glauben" deshalb das ganze Spektrum von „für wahr halten", „vertrauen" und „treu sein" umfasst; doch diese Hinweise stehen oft im Rang einer Fußnote und es dauert lange, bis sie in den Haupttext unserer Überzeugungen aufgestiegen sind und die dementsprechende Wirkung hervorrufen.

Logisch, denn *der Glaube ist ein Treuegelöbnis*. Und weiter: Wenn wir diese Treue brechen und untreu werden, werden wir getötet werden, wie Josephus den Banditen getötet hätte, wenn dieser sich ihm gegenüber als untreu erwiesen hätte. Wir sind hier also beim *natürlichen* Verständnis der Begriffe Buße und Glaube angekommen, bevor sie zu religiösen Begriffen mutierten und ihre volle Kraft verloren haben. Nicht anders ist es dem nächsten Begriffspaar ergangen:

Reich Gottes und Evangelium

An der Jantzen-Übersetzung finde ich gut, dass sie den Begriff „Reich Gottes" konsequent als „Königreich Gottes" übersetzt, denn genau das ist der Punkt: Es geht um die Königsherrschaft Gottes. Damit aber wird von Beginn weg ein Konflikt deutlich, nämlich die Frage, wer die Macht in dieser Welt hat. Das Königreich Gottes führt uns weg von einem individualistischen Verständnis des Glaubens hin zu einer globalen Perspektive. Im Psalm 2 und vielen anderen prophetischen Texten kommt dies mit unmissverständlicher Klarheit zum Ausdruck:

„Warum toben die Nationen und sinnen Eitles die Völkerschaften?
Es treten auf die Könige der Erde, und die Fürsten ratschlagen miteinander
wider Jahwe und wider seinen Gesalbten:
"Lasset uns zerreißen ihre Bande, und von uns werfen ihre Seile!"
Der im Himmel thront, lacht, der Herr spottet ihrer.
Dann wird er zu ihnen reden in seinem Zorn, und in seiner Zornglut wird er
sie schrecken.
"Habe doch ich meinen König gesalbt auf Zion, meinem heiligen Berge!"
Vom Beschluß will ich erzählen: Jahwe hat zu mir gesprochen: Du bist mein
Sohn, heute habe ich dich gezeugt.
Fordere von mir, und ich will dir zum Erbteil geben die Nationen, und zum
Besitztum die Enden der Erde.

Mit eisernem Zepter wirst du sie zerschmettern, wie ein Töpfergefäß sie zerschmeißen.
Und nun, ihr Könige, seid verständig, lasset euch zurechtweisen, ihr Richter der Erde!
Dienet Jahwe mit Furcht, und freuet euch mit Zittern!
Küsset den Sohn, daß er nicht zürne, und ihr umkommet auf dem Wege, wenn nur ein wenig entbrennt sein Zorn. Glückselig alle, die auf ihn trauen!"

Das Evangelium ist eine *Kampfansage* an die Machthaber dieser Welt, und die Mächte der Finsternis, die hinter ihnen stehen. Satan war kein hohler Angeber, als er Christus alle Königreiche der Welt anbot, denn durch die Knechtschaft der Sünde hat er tatsächlich gewaltigen Einfluss in allen Ländern und Regierungen. Doch Gottes Plan ist es, Seine Welt zurück zu gewinnen, Seine in Finsternis und Sünde gebundene Menschheit aus den Bindungen Satans zu befreien. Darum ist auch „Christus Victor" das weitaus bessere Modell zur Erklärung des Evangeliums.

Unser Problem in der Verkündigung ist jedoch, dass „Reich Gottes" bzw. „Reich der Himmel" (wie es in Matthäus genannt wird) auf den Himmel und das Jenseits bezogen wird. Wir sagen „Reich Gottes" und verstanden wird: *„In den Himmel kommen, wenn wir sterben."* Das übersieht ein wichtiges Detail: Der Zeitpunkt, der in Mk 1,15 angegeben wird ist ein nachdrückliches „Jetzt!": *„Die Zeit ist erfüllt, das Königreich Gottes hat sich genaht."*

Darum ist die Predigt des Evangeliums einem Heroldsruf vergleichbar (Das Wort „Prediger" ist dasselbe Wort, das für königliche Herolde gebraucht wird!), der die neuen Machtverhältnisse bekanntmacht. Mit Trommelwirbel, Fanfaren und aller zur Gebote stehenden Autorität. Und wieder ist die Botschaft dieselbe: *„Sagt Euch los von den Mächten der Finsternis, und unterwerft Euch der Herrschaft des Sohnes Seiner Liebe in Seinem Königreich* *des Lichts!"* (nach Kol 2,15) Es ist eine kompromisslose Aufforderung, Loyalitäts- und Herrschaftsverhältnisse zu wechseln.

Unser himmlisches Bürgerrecht ist nicht deshalb himmlisch (Phil 3,20), weil wir einmal in den Himmel kommen wollen, sondern weil unser König im Himmel ist. Unser Bürgerrecht ist eine *gegenwärtige Realität* mit klaren Verpflichtungen in dieser Zeit, denn wir sind Gottes Speerspitze, die den Triumph Christi über die Mächte der Finsternis bis an die Enden der Erde tragen soll. Wir sind als Herolde gesandt, die bereits angetretene Königsherrschaft Christi zu proklamieren, wie Petrus dies zu Pfingsten tat (Apg 2,36): *„Das ganze Haus Israel [und die ganze Welt, ergänze ich hier] nehme also mit Gewissheit zur Kenntnis, dass Gott ihn sowohl zum Herrn als auch zum Gesalbten [= der gesalbte König aus Psalm 2] machte, diesen Jesus, den ihr kreuzigtet."*

Phil 3,20-21 macht aber noch etwas deutlich: *„Denn unsere bürgerliche Heimat hat ihren Bestand in den Himmeln, von woher wir auch einen Retter erwarten, den Herrn Jesus Christus, der unseren Leib der Niedrigkeit umgestalten wird, damit er seinem Leibe der Herrlichkeit gleichgestaltet wird, nach dem Wirken seiner Kraft, mit der er auch alles sich selbst zu unterordnen vermag."* Unsere Hoffnung ist nicht, in den Himmel zu kommen, sondern, dass Jesus, unser König, als Retter *herabkommt* und die Errettung vollenden wird. Wie das? Indem Er unseren Leib umgestaltet und unverweslich macht, bzw. durch die unverwesliche Auferweckung der im Glauben entschlafenen. Und dann? Dann wird alles ihm untergeordnet! Und dann? Dann werden wir mit Ihm herrschen, auf einer neuen Erde unter einem neuen Himmel!

Verstehen wir an dieser Stelle, wie viel verloren gegangen ist von unserer Hoffnung, vom Evangelium, als man begann, das „Reich Gottes" mit dem „Himmel" gleichzusetzen?

Bleibt noch der Begriff *Evangelium*, der sich ebenfalls am besten durch den „Alltagsgebrauch" der Antike erklären lässt. „Gute Nachricht" ist zwar eine korrekte Übersetzung, aber bei weitem zu unbestimmt, wie wir sehen werden.

Inschrift von Priene (Kleinasien – ca. 80 n.Chr.) über den Geburtstag des Kaiser Augustus: *„Dieser Tag hat der ganzen Welt ein andres Aussehen gegeben; sie wäre dem Untergang verfallen, wenn nicht in dem nun Gebornen für alle Menschen ein gemeinsames Glück aufgestrahlt wäre. Richtig urteilt, wer in diesem Geburtstag den Anfang des Lebens und aller Lebenskräfte für sich erkennt; nun endlich ist die Zeit vorbei, da man es bereuen musste, geboren zu sein. Von keinem andern Tage empfängt der einzelne und die Gesamtheit soviel Gutes als von diesem allen gleich glücklichen Geburtstage. Die Vorsehung, die über allem im Leben waltet, hat* **diesen Mann zum Heile der Menschen** *mit solchen Gaben erfüllt, dass sie ihn uns und den kommenden Geschlechtern als* **Heiland** *gesandt hat;* **aller Fehde wird er ein Ende machen** *und alles herrlich ausgestalten. In seiner Erscheinung sind die Hoffnungen der Vorfahren erfüllt; er hat nicht nur die frühern Wohltäter der Menschheit sämtlich übertroffen, sondern es ist auch unmöglich, dass je ein Größerer käme. Der* **Geburtstag des Gottes** *hat für die Welt die an ihn sich knüpfenden* **Freudenbotschaften** *[Evangelien] heraufgeführt. Von seiner Geburt muss eine neue Zeitrechnung beginnen."* [88]

Das klingt nach „Weihnachten", aber tatsächlich zeigt es, dass die scheinbar religiöse Sprache der Evangelien „hochpolitisch" war, denn Titel wie „Heiland" beanspruchte der Römische Kaiser für sich. Auch der Begriff „Evangelium" ist bereits imperial belegt, denn jede Thronbesteigung, jeder

---

[88] Übersetzung aus dem Griechischen von **Adolf Harnack: Als die Zeit erfüllt war**, in: ders.: **Reden und Aufsätze**. Erster Band, Gießen² 1906, S. 301–306. Zitiert online unter: http://bibelhaus-frankfurt.de/fileadmin/user_upload/download/Q1-UnterrichtsmaterialJesus.pdf

Triumph eines Kaisers oder auch die Geburt eines Thronfolgers wurde als „Evangelium" verkündigt; d.h. Evangelium, besonders wenn es mit Titeln wie Heiland und Herr oder mit Herrschaftsansprüchen verbunden ist, ist eine *nachdrücklich politische Botschaft*. Das Evangelium unseres Herrn Jesus Christus, des wahren Sohnes Gottes, steht dem „Evangelium" des ebenfalls als „Sohn Gottes" bezeichneten Augustus entgegen.

Somit unterstreicht der Begriff „Evangelium" das, was ich oben über das „Reich Gottes" gesagt habe. Wie bei Buße und Glaube, fügen sich auch hier Glaube und Werke harmonisch zusammen. Niemand, der verstanden hat, dass wir es mit einem wahren König zu tun haben, kann sagen: Es ist nur wichtig, an Jesus zu glauben, der Gehorsam ist nicht heilsnotwendig aber „wünschenswert". *Gehorsam ist die Natur des Herrschaftswechsels.* Wenn jemand zu einem ungehorsamen Verräter des Königs wird, wird er nicht im Königreich bleiben können; auch das liegt in der Natur der Sache, die aber erst verstanden wird, wenn man die *religiöse Decke* von den Begriffen nimmt und mit ihrer vollen Bedeutung konfrontiert ist.

Wie wichtig ist es also, die mit diesen Begriffen verbunden Inhalte so zu vermitteln, dass nicht „Herrschaftswechsel" gesagt, aber „Religiosität" verstanden wird!

Wie sollen wir nun predigen?

Wie sollen wir also das Evangelium, basierend auf den neuen Einsichten, predigen? Am besten so, wie der Herr Jesus es tat. Seine bei weitem häufigste Aufforderung war:

Folge Mir nach!

83 Mal kommt dieses Wort[89] in den Evangelien vor, 94 Mal insgesamt im Neuen Testament. Es mag uns vielleicht gar nicht mehr überraschen, dass die Aufforderung zur Nachfolge aus dem Exodus kommt (5.Mo 13,4): *„Jahwe, eurem Gott, sollt ihr nachfolgen[90] und ihn fürchten; und ihr sollt seine Gebote beobachten und seiner Stimme gehorchen und ihm dienen und ihm anhangen."* Wir sehen hier eine auf Gehorsam und Ehrfurcht beruhende Beziehung, die Liebe wird an anderer Stelle noch ergänzt (5. Mo 6,5).

Im Neuen Bund ist die Nachfolge auf den Herrn Jesus bezogen, Ihm folgen wir; das Prinzip ist aber dasselbe: Im *buchstäblichen* Sinn bedeutet es, hinter dem Herrn *nachzugehen*. Im *übertragenen* Sinn meint es, den Lebensstil des Herrn *nachzuahmen* und *in Seinen Geboten zu wandeln*. Paulus drückt es so aus (1.Kor 11,1): *„Werdet meine Nachahmer, wie auch ich Christi."* Und etwas früher im selben Brief (1.Kor 4,16-17): *„Ich rufe euch also auf: Werdet meine Nachahmer! Deswegen schickte ich Timotheus zu euch, der mein geliebtes und treues Kind im Herrn ist, der euch erinnern wird an meine Wege, die in Christus sind, so wie ich überall in jeder Gemeinde lehre."*

Denselben Weg gehen

Auf *einem* Weg unterwegs sein, ist die direkte Bedeutung von nachfolgen; und deshalb spricht der Herr auch von zwei Wegen, von denen einer zum Heil und einer ins Verderben führt (Mat 7,13-14): *„Geht ein durch das enge Tor, weil das Tor weit ist und der Weg breit, der wegführt ins Verderben, und es sind viele, die durch dasselbe eingehen, weil das Tor eng ist und der Weg*

---

[89] Im griechischen Wort **ἀκολουθέω** steckt das Wort **κέλευθος**, was „Straße" bedeutet. Nachfolgen meint also im buchstäblichen Sinn, auf demselben Weg unterwegs zu sein.

[90] Im Deutschen gibt es dazu eine feine Analogie, denn das Wort „Volk" kommt von „folgen" und beschreibt eine Menschenmenge, die einem Heerführer folgt (aus der Völkerwanderungszeit)

eingeengt, der wegführt ins Leben. Und es sind wenige, die es [das Tor] finden."
Der Aufruf lautet, sich auf diesen Weg zum Leben zu begeben.

Jesus nachzufolgen ist ein Programm für das ganze Leben, genau das gilt es von Anfang an zu vermitteln! Paulus lehrte das in jeder Gemeinde, lasen wir oben. Wir dürfen von der Bekehrung und der Taufe daher nie als bereits abgeschlossene Errettung reden, sondern immer als den *ersten Schritt* auf den Weg.

Absonderung und Selbstverleugnung

Sich trennen vom Alten Weg (Absonderung, Heiligung): Um durch das enge Tor zu kommen, muss man einmal „abbremsen" und bewusst die Lebensrichtung ändern. Die Enge des Tores und des Weges bedeuten, dass man nicht alles mitnehmen kann auf den Weg. Der reiche Mann, der von seinen Schätzen nicht lassen wollte, führte zu dem Sprichwort: *„Es ist leichter, dass ein Kamel durch ein Nadelöhr hindurchgehe, als dass ein Reicher in das Königreich Gottes eingehe."* (Mat 19,24)

Weil es ein enger, auch ein *einengender* Weg ist, beschweren sich offenbar die Korinther über Paulus, der ihnen antwortete (2.Kor 6,12): *„Ihr seid nicht eingeengt in uns. Ihr seid aber eingeengt in eurem Inneren."* Die Neigung zur Sünde, das Leben nach unseren Begierden bringt zwar vordergründig viel mehr Freiheiten, führt aber in die unaussprechliche Enge der ewigen Finsternis. So wie es unmöglich ist, Gott zu dienen und dem Mammon (Mat 6,24), so ist es auch unmöglich, nach den fleischlichen Begierden zu leben und errettet zu werden (Röm 8,5-14). Diese Unvereinbarkeit muss deutlich gemacht werden, und zwar durch den Aspekt des Kreuzes, der unsere Heiligung betrifft: Indem wir täglich das Kreuz auf uns nehmen und *uns selbst verleugnen* (Luk 9,23), und so durch das Kreuz auch *gegenüber der Welt gekreuzigt* werden (Gal 6,14). Damit unterscheidet sich das Leben der Jünger Jesu grundsätzlich von jenen, die Ihm nicht nachfolgen (Phil 2,15).

Das bedeutet, dass *Heiligung als Teil des Weges zum Heil* verkündigt wird und nicht als „Draufgabe" für die, die bereits errettet sind; denn es heißt doch recht unmissverständlich, dass ohne Heiligung niemand den Herrn sehen wird (Heb 12,14). Der Heilige Geist, der uns die Heiligung erst ermöglicht, ist in diesem Licht daher nicht als eine bedingungslose Garantie des Heils zu sehen, sondern als das, was das Wort „Unterpfand" eigentlich bedeutet: Eine *Anzahlung* [91], die uns gegeben wurde, um den Weg gehen zu können. Doch der „volle Preis" ist abhängig davon, dass wir diesen Weg auch gehen. Es liegt in der Natur von Anzahlungen, dass sie bei Nichterfüllung des Vertrags rückverlangt werden.

In das Königreich Gottes hineingehen

Schon im Exodus wird darauf hingewiesen, dass Israel ein königliches Priestertum sein solle, und für uns gilt dasselbe. Wir sind berufen, Könige und Priester für Gott zu werden, die mit dem Herrn Jesus über die Erde herrschen werden (Offb 5,9-10). So wie unser Herr durch Erniedrigung erhöht wurde (Phil 2,5-11), so sind wir berufen, Ihm auf dem „unteren Weg" nachzufolgen, um für diese Berufung zugerüstet zu werden.

---

[91] Das mag überraschen, aber es ist wichtig, weil dieser Vers so oft so falsch gebraucht wird im Sinne einer unbedingten nicht mehr in Frage zu stellenden Heilssicherheit. Eph 1,14, 2.Kor 1,22 und 5,5 reden von diesem Unterpfand. Das Wort ist „ἀρραβών", definiert durch Strong als: „a *pledge*, that is, part of the purchase money or property given in advance as *security* for the rest: - earnest" Damit einerseits das Eigentum besiegelt (Versiegelung), andererseits ist eine Bedingung an die Anzahlung geknüpft. Einem Baumeister gibt man die Anzahlung, damit er mit dem Werk beginnen kann; stellt er das Haus nicht fertig, geht man vor Gericht und fordert die Anzahlung zurück. Unser Verhältnis zum Herrn ist ein Bundesverhältnis, die Bedingung für die endgültige Vollendung der Errettung bei Seiner Wiederkunft in Herrlichkeit ist die Frucht, die wir mit dem anvertrauten Talent bewirken sollten. Die Menge der Frucht ändert nichts an unserer Errettung, wohl aber, wenn wir keine Frucht gebracht haben, denn dann fordert der Herr das Unterpfand/die Anzahlung/das vergrabene Talent zurück.

Es ist, nehme ich an, einsichtig, dass man nicht einfach Leute von der Straße auf einen Thron oder in hohe Verantwortung setzt, sondern zuerst ausbildet und zurüstet. Dementsprechend schreibt Paulus an Timotheus (2.Tim 2,11-13): *„Treu ist das Wort: Denn wenn wir mitstarben, werden wir auch mitleben. Erdulden wir, werden wir auch als Könige mitherrschen. Verleugnen wir, wird auch er uns verleugnen. Sind wir untreu, bleibt er treu. Er kann sich selbst nicht verleugnen."* Das Mitsterben bezieht sich auf die Taufe (Röm 6), das Erdulden, das Bekennen und die Treue aber auf unseren Weg durch das Leben auf das Ziel hin, nämlich mit Ihm zu herrschen. Die zuletzt angesprochene Treue Gottes meint nicht, dass Er uns auch dann errettet, wenn wir untreu sind, sondern vor allem zwei Dinge: Er vergibt, wenn wir umkehren und bekennen (1.Joh 1,9), und er hält auch Seine Zusagen der Zurückweisung ein, wenn wir es darauf ankommen lassen. Ein paar Verse später weist Paulus deshalb auf Hymenäus und Philetus hin, die von diesem Ziel abgeirrt sind (2.Tim 2,16-18).

Das Thema des Königreiches ist dominant im Neuen Testament und kommt über 100 Mal vor, und auch unser Evangelium soll die Botschaft vom Königreich sein! Vielfach wurde es aber auf die Botschaft von der Vergebung reduziert.

Aus der Finsternis errettet werden

Darum müssen wir das Problem der Sünde umfassender vermitteln, nämlich nicht nur als ein persönliches Problem zwischen Gott und dem Einzelnen, sondern um einen Machtkampf zwischen Gott und Satan, welcher derzeit aufgrund der Sünde die Macht über die Völker hat. Deshalb greift es zu kurz, das Blut Christi nur auf die Vergebung der

Sünden zu beziehen; vielmehr geht es darum, aus der Macht der Sünde und des Teufels befreit zu werden.[92]

In Kol 1,9-13 bietet Paulus eine exzellente Zusammenfassung dieses Aspektes der Botschaft: *„Deswegen hören wir auch nicht auf, seit dem Tage, da wir es hörten, für euch zu beten und zu bitten, damit ihr erfüllt werdet mit der Erkenntnis seines Willens in aller geistlichen Weisheit und allem geistlichen Verstehen, damit ihr in einer Weise wandelt, die des Herrn würdigt ist, zu allem Gefallen, indem ihr in jedem Werk Frucht bringt und in die Erkenntnis Gottes hinein wachst, in aller Kraft nach der Macht seiner Herrlichkeit gekräftigt werdet zu aller Ausdauer und Geduld mit Freude und dem Vater dankt, der uns tauglich machte für das, was unser Teil sein wird, das Erbe der Heiligen im Licht, der uns aus der Obrigkeit der Finsternis befreite und uns versetzte in das Königreich des Sohnes seiner Liebe, in dem wir die Erlösung [= die Freikaufung!] haben durch sein Blut, die Vergebung der Sünden."*

Das Blut bewirkt also Vergebung und Erlösung (und Reinigung – 1.Joh 1,9); es geht auch um Ausdauer, um einen der Berufung würdigen Lebenswandel, um Frucht und gute Werke, um die zunehmende Erkenntnis Gottes und das Ziel, unser Erbteil im Licht; das Gegenbild zum gelobten Land im Exodus. Dazu müssen wir aus unserem Ägypten der Sünde herausgeführt werden; es geht also auch um die Bindungen der Sünde in einer sündhaften Welt, weshalb die oben bereits angesprochene Absonderung von der Welt *notwendig zur Errettung* ist (2.Kor 6,17-7,1): *„Darum kommt aus ihrer Mitte heraus und sondert euch ab, sagt der Herr, und rührt nicht Unreines an! (Jes 52,11) Und ich werde euch Einlass gewähren (Jes 56,5; Hes 20,34), und ich werde euch ein Vater sein, und ihr werdet mir Söhne und Töchter sein (2.Sam 7,14; Jes 56,5), sagt der Machthaber über alles (2.Sam*

---

[92] Sehr berührend finde ich in diesem Zusammenhang die Worte des Herrn anlässlich einer Heilung (Luk 13,16): *„Aber diese, die eine Tochter Abrahams ist, die der Satan band – siehe! – achtzehn Jahre [lang] sollte nicht gelöst werden von dieser Fessel am Tag des Sabbats?"*

7,8 LXX). Da wir also diese Verheißungen haben, Geliebte, sollen wir uns reinigen von aller Befleckung des Fleisches und des Geistes und die Heiligung vervollkommnen in der Furcht Gottes." Auch hier ist überaus deutlich, wie notwendig es ist, den begonnenen Weg der Heiligung fortzusetzen; aber auch, wie klar wir uns vom Lebensstil der Welt trennen müssen.

Habe ich etwas vergessen?

Wahrscheinlich, doch genau das ist kein Problem, wenn wir verstehen, dass die Errettung ein Weg ist, auf dem wir beständig weiter lernen und wachsen. Denn die Erwartung und Bereitschaft weiterzulernen und dem Herrn auf allen Wegen zu folgen, soll in den ersten Momenten des Glaubens bereits vermittelt worden sein. Ein Problem ist es, wenn wir das Weitergehen nach der Bekehrung unterschlagen und den Eindruck vermitteln: „Ich bin gläubig, deshalb bin ich de facto schon in der Herrlichkeit", da so all die Jahre bis dorthin von der Errettung selbst entkoppelt werden, dementsprechend sinnlos wirken, was zuletzt viele – allzu viele – erschreckend viele – fleischliche, weltförmige, fruchtlose und gesetzlose Christen[93] hervorbringt, die am Ende verworfen werden, wie die Schrift es immer und immer wieder sagt. Wir dürfen das Evangelium so nicht mehr predigen, wenn wir nicht mitschuldig werden wollen an ihrem ewigen Schicksal,

---

[93] Darunter eine Anzahl, die offenbar nie von Herzen bekehrt waren (wie das im Wort „Ich habe euch nie gekannt" zum Ausdruck kommt – Mat 7,23), aber durchaus auch eine Anzahl, die sehr wohl Teilhaber der Verheißung waren (wie u.a. im Hebräerbrief mehrfach anklingt – Heb 6,4-8). Die Frage nach „echtem oder unechtem" Glauben wird im Neuen Testament nie gestellt, sondern mehr die Frage nach lebendigem und totem Glauben (Jak 2,14-17). Ein Evangelium das „Gnade ohne Werke" lehrt, wird eine große Anzahl toter Gläubiger hervorbringen, weil die Werke kategorisch von der Errettung ausgeschlossen werden und dazu verleiten, die Zügel schleifen zu lassen. Da der Herr Jesus sagt, dass die Gesetzlosigkeit überhand nehmen und deshalb auch die Liebe erkalten werde (Mat 24,12), muss ich davon ausgehen, dass ein anfänglich lebendiger Glaube durchaus absterben kann; wie auch die aufgegangene Saat durch das Unkraut erstickt werden kann (Mat 13,22).

denn der Herr wird ihr Blut von uns fordern (Apg 20,25-27; Hes 3,18-21).

Nun wären die Evangelisten dran

Es ist die Weisheit Gottes, dass Er der Gemeinde Lehrer und Evangelisten gegeben hat. Während Lehrer dazu neigen, alles sehr genau und kompliziert zu machen, gab Er den Evangelisten die Fähigkeit all das wieder einfach und einladend zu formulieren. Wenn beide zusammenarbeiten, so bringt das viel Frucht. Der Lehrer alleine (wie ich) würde aufgrund der vielen Details eher abschrecken als gewinnen; der Evangelist alleine würde aufgrund der Freude, Menschen zu gewinnen, vielleicht da und dort zu oberflächlich werden.

Das ist einer der größten Fragen, die mich in den letzten Jahren bewegten, und ich tüftle immer noch daran: Wie lässt sich die um so viel reichhaltigere Botschaft des Evangeliums in einer Weise verkündigen, die die Zuhörer nicht überfordert? Ein paar Anregungen zu Bildern und Vergleichen, die helfen, die Botschaft nachvollziehbar und anschaulich zu illustrieren, möchte ich als Abschluss bieten.

Königreich und Politikverdrossenheit

Wir leben in einer Zeit unglaubwürdiger Politiker und zusehends unregierbarer Nationen. Ich denke, die Botschaft des Königreiches Gottes ist da ein gewaltiger Lichtblick. *Sagen wir das den Menschen!* Es wird Gerechtigkeit und Frieden geben, und heute lädt Gott Menschen ein, die den Weg der Gerechtigkeit und des Friedens von Jesus Christus lernen wollen und sich durch das Kreuz aus Unfrieden und Ungerechtigkeit herausretten lassen!

Autobahn der Begierden

Wer steuert unser Leben auf der Autobahn des Lebens? Was zeigen die Autobahnschilder an, wohin treibt es uns? Dorthin, wo das Ich mit seinen selbstsüchtigen Begierden im Zentrum steht. Darum fahren viele mit überhöhter Geschwindigkeit, andere überholen riskant und schneiden andere. Es herrscht viel Verkehr, und auch wenn jemand sich auf diesem Weg der Selbstsucht gesittet verhält, so ist das Ende dennoch erschütternd, denn Jesus wird ihnen vorhalten, wie achtlos sie an Ihm, dem Hungernden vorbeigeflitzt sind, wie sie an ihm, den Nackten achtlos vorbeigefahren sind, wie sie für Ihn, den Kranken, nicht halt gemacht haben. Jesus fordert uns auf, nicht nur das Tempo zu drosseln, sondern abzufahren von dieser Piste, und zu Fuß auf dem Weg zu gehen, der Er vorausgeht. Dort wird Er uns durch das Kreuz lehren, andere höher zu achten als uns selbst, um durch Selbsterniedrigung erhöht zu werden, anstatt durch Selbstverwirklichung erniedrigt zu werden.

Befreiung aus dem Hamsterrad des Teufels

Die Welt sagt uns, wie wir zu leben haben, was wir erreichen müssen, was uns „zusteht". Mit bunten Plakaten und Trugbildern im Fernsehen und Internet, wird uns ein Leben vorgegaukelt, das erstrebenswert scheint. Die Konsequenzen aber sind offensichtlich: Beziehungen zerbrechen (Scheidungsrate 50%). Kinder werden zu tausenden vor der Geburt getötet (1 aus 3 Schwangerschaften). Die Geborenen werden nicht mehr erzogen. Um den üblichen Lebensstandard zu erreichen und zu halten, müssen beide Elternteile ins Hamsterrad des Teufels steigen. Gibt es eine wirkliche Alternative dazu? Gottseligkeit mit Genügsamkeit, „Entschleunigung" – Die Menschen suchen so etwas, aber ohne, wie die Israeliten aus Ägypten, aus dem System der Finsternis befreit zu werden, bleibt all das

Wunschdenken. *Sagen wir den Menschen, wie Christus die Welt und den Teufel überwunden hat, und zeigen wir es ihnen durch unser Leben!*

Das Kreuz Christi als radikale Herausforderung

Aus der Welt hinaus sterben, um in ein neues Leben zu treten; das ist doch eine freimachende Botschaft für alle, denen diese Welt ausweglos erscheint! Zu wissen, woran es krankt – auch in uns selbst – und dass es tatsächlich eine Neuschöpfung gibt, die mit uns beginnt und die ganze Welt umfassen wird, *das ist eine gute Nachricht, die gehört werden muss!*

Das sind alles nur Gedankenfragmente, aber ich hoffe, dass sie dazu anregen, die Menschen um uns (und auch uns selbst) tiefer und existentieller herauszufordern, dem Herrn Jesus nachzufolgen, um einen Anteil an Gottes Neuer Welt zu erwerben.

Was bleibt nun übrig, als diese Worte dem Herrn anzubefehlen? Mein Herz ist schwer mit dieser Last, doch es ist nicht meine Last, sondern die des Herrn, die Er der Gemeinde anvertraut hat. Gebe es der Herr, das wir alle tief und gründlich das Evangelium studieren, begreifen und Wege finden, es ohne Verkürzungen, ohne Abstriche zur Ehre Gottes und dem Heil der Menschen zu *herolden!*

NACHWORT, AUTOR, WEITERFÜHRENDES

Nachdem das Manuskript drei Jahre auf der Festplatte lagerte und „reifte" und zwei Brüder es vorab bereits gelesen haben, wurde ich von einem Gleichgesinnten gefragt, ob ich nicht eine Graphik zur Veranschaulichung des „Christus Viktor" Modells hätte. Da erinnerte ich mich an mein Manuskript und ging es neu durch, um es schlussendlich doch als Buch herauszubringen.

Was selten vorkommt: Ich fand nichts im Manuskript, was ich heute, drei Jahre später, anders sagen wollte. Im Gegenteil, es wurde mir erneut wichtig und lebendig, wie groß die Liebe Gottes in Christus zu uns ist, und wie klein sie in unserer Verkündigung erscheint.

Ich wurde 1987 in einer freikirchlichen Gemeinde mennonitischer Prägung getauft; doch die Gemeinde entwickelte sich damals bereits mehr und mehr zu einer typisch evangelikalen Gemeinde. Das ist ihr kaum zu verdenken, denn praktisch alle verfügbare christliche Literatur ist evangelikal. Da lässt sich eine täuferische Theologie[94] auf Dauer sehr schwer durchhalten, es sei denn man hat brennende, überzeugte und überzeugende Leiter, die dafür begeistern können. So wurde auch ich „herkömmlich evangelikal", glaubte und lehrte gut 18 Jahre lang das „herkömmlich evangelikale" Evangelium, welches, wie ich in vorliegendem Buch nachzuweisen versuche, viel zu kurz greift.

Ich erlebte in mir selbst und an anderen, dass dieses Evangelium keine Kraft zur Heiligung vermittelt, sondern vorwiegend Ausreden und schwache

---

[94] Dazu mehr in den weiterführenden Literaturhinweisen

Rechtfertigungen dafür, es wieder nicht geschafft zu haben: „Wir sind ja allzumal Sünder"; „Die Rechtfertigung hat unsere Stellung vor Gott verändert, hat aber nichts mit unseren Werken zu tun"; „Wir leben aus der Gnade"; „Gott sieht nicht uns, sondern nur Christus in uns"; „Gott achtet nicht auf unsere Sünden, sondern auf das Blut Christi" …

Es war zuerst David Bercot's Buch „Will the Real Heretics Please Stand Up", welches meine Frau schließlich ins Deutsche übersetzte („Zurück zum Start"), das mir eine Ahnung dafür gab, dass die Lehre, die ich mit Überzeugung und Eifer vertrat, falsch sein könnte. Zahlreiche Vorträge des Autors, welche die Lehren der frühen Christen (vor Nizäa) mit jenen der modernen Evangelikalen verglichen, gaben mir den Rest. Ich musste mir und vor dem Herrn eingestehen, dass ich über viele Jahre ein halbes Evangelium predigte und dadurch mitwirkte, dass Glaubensgeschwister, die unter meiner Lehre auf Leben hofften, nur unzureichend zu diesem Leben geführt wurden.

Der Umdenkprozess dauerte einige Jahre, und führte zu dramatischen Veränderungen für mich und meine Familie. Wir schlossen uns zuerst der Gemeinde Christi an, die in den wesentlichen Punkten theoretisch vertrat, was ich zu glauben begann. Doch nach mehreren Jahren wurde klar, dass der neue Wein mit den alten Schläuchen nicht zusammenpasste. Mit Müh und Not konnte eine Spaltung vermieden werden, und ich wünsche den Verbliebenen, dass der Herr sie reich segnen und recht leiten möge.

In all den Konflikten gerieten wir zudem in eine mehr als schwerwiegende Ehekrise, die mich einerseits vor dem Herrn zerbrochen hat (was gut und heilsam ist), andererseits aber auch bestätigte, dass der Glaube, wie er in diesem Buch dargelegt wird, tatsächlich auch in diesem finsteren Todestal Halt und Beständigkeit verleiht. Davon will ich bei meiner Seele nicht mehr weichen.

So freue ich mich heute über Weggefährten in einer kleinen taufgesinnten Gemeinde, in der ich nach all den Mühen Heimat und ein Maß an Ruhe, Geborgenheit und geschwisterlicher Liebe erfahren darf, wie ich es zuvor nicht genießen durfte. Dafür danke ich meinem guten Herrn von ganzem Herzen. Ich erwarte aber kein bleibendes Glück in dieser Zeit, sondern Anfeindungen, Verfolgung, den Tod und den Verlust alles Irdischen, wie der Herr Jesus es allen wahren Nachfolgern Christi deutlich vorausgesagt hat. Darum ist es wichtig, so *grundlegend* wichtig, dass wir das *ganze* Evangelium lehren und glauben, um nicht auf halbem Weg mit halber Kraft liegen zu bleiben. Ich fürchte, mein alter „herkömmlich evangelikaler" Glaube hätte mich nicht ausreichend gefestigt, um mich in den schweren Jahren 2014 und 2015 am Leben zu erhalten.

Dem barmherzigen Vater aber und Seinem hohepriesterlichen Sohn sei im Heiligen Geist Lob, Ehre und Dank gesagt für Seinen unumstößlichen Ratschluss, in dem Er bereits vor Grundlegung der Welt den Weg des Heils beschlossen hat, den Er auch ausführen wird bis zur Vollendung in Seinem Königreich. Amen.

Weiterführende Literatur

David W. Bercot – Zurück zum Start

Neben der Bibel kann man freilich keinen Menschen uneingeschränkt empfehlen. Dieses Buch aber gab mir die entscheidenden Anstöße, weshalb ich meinem (mittlerweile) Freund David nicht genug danken kann für all die Mühe, Arbeit und akribische Recherche, die seine eigene Suche nach der Wahrheit kennzeichneten. Sein Buch wurde mir auch ein Wegweiser zurück zu meinem ursprünglich mennonitisch-täuferischen Hintergrund.

"Unser Jahrhundert ist das erste Jahrhundert seit dem ersten Jahrhundert, das so ist wie das erste Jahrhundert."

Wer immer dies sagte, traf den Nagel auf den Kopf. Kaum ein Buch kann dies besser illustrieren als David Bercot's bahnbrechendes Werk Zurück zum Start (Engl. Will the Real Heretics Please Stand Up).

Bercot stellt uns darin den Glauben und die Lebenskraft der Christen in der Zeit vor dem Konzil von Nizäa vor, welche sich in einer Umwelt bewähren mussten, die der unseren frappierend ähnelt. Wie aber steht es dabei um uns? Um unseren Glauben und unsere Kraft? Wir lernen in diesem Buch nicht nur die frühen Christen kennen, berühmte Leiter wie Polykarp, Klemens von Rom oder Irenäus, sondern vor allem uns selbst.

Dabei werden uns so spannende Fragen gestellt wie:

- Ist Richtig und Falsch nur eine Frage der Kultur?

- Warum hatten sie Erfolg, wo wir oft versagen?
- Ist Wohlstand ein Segen oder ein Fallstrick?
- Was glaubten die frühen Christen über die Errettung?
- Wie lebt man als Bürger des Reiches Gottes in dieser Welt?

Taschenbuch: 256 Seiten
Verlag: Books on Demand; Auflage: 2 (2. April 2015)
ISBN-10: 3734748836
ISBN-13: 978-3734748837
Größe und/oder Gewicht: 14,8 x 1,4 x 21 cm

Glaube und ...

Meine erste kritische Auseinandersetzung mit den Kernthesen evangelikaler Theologie verfasste ich bereits 2010, wartete mit der Veröffentlichung jedoch mehrere Jahre, sodass es erst 2015 erschien.

Die Reformation Martin Luthers, auf die Evangelische und Evangelikale sich noch heute berufen, wird oft mit vier markigen Merksätzen zusammengefasst:

- Sola Fide (allein aus Glauben)
- Sola Gratia (allein aus Gnade)
- Sola Scriptura (allein die Heilige Schrift)
- Solus Christus (allein Christus)

Vorliegende "Streitschrift" lag fünf Jahre zur Ansicht bei einer evangelikalen Akademie mit der Bitte um Durchsicht und Korrektur. Wie eine heiße Kartoffel, scheint es mir, wurde sie intern weitergereicht. Eine Stellungnahme habe ich nicht erhalten.

Verständlich, denn wenn das, was ich hier zur Diskussion (!) stelle, stimmt, sind zwei der Säulen der Reformation (Sola Fide und Sola Gratia) durch die dritte (Sola Scriptura) sowie die Worte der vierten (Christus) widerlegt.

Leider ist das nicht bloß eine akademische Frage, sondern betrifft die Seelen unzähliger Christen, die aufgrund einer falschen Heilssicherheit einen Wandel führen, der vor dem heiligen Gott nicht bestehen kann.

Taschenbuch: 104 Seiten
Verlag: Books on Demand; Auflage: 1 (31. August 2015)
ISBN-10: 3738638644
ISBN-13: 978-3738638646
Größe und/oder Gewicht: 14,8 x 0,6 x 21 cm

Nichts für kleine Kinder

Als mir das Thema des Königreiches Gottes im Zusammenhang des Evangeliums klar wurde, drängte es mich, 2010 ein kleines, leicht verständliches Büchlein zu schreiben, welches suchenden Menschen die Taufe im Licht dieses Evangeliums begreiflich macht.

Diese kurze, aber gründliche Beschreibung der Taufe verdeutlicht ihre radikale Bedeutung im Licht der Botschaft vom Reich Gottes, wie der Herr Jesus es gepredigt hat. Die Taufe ist die Antwort mündiger und entschlossener Menschen auf dieses Evangelium. Rund 600 Millionen Christen weltweit gehören Kirchen an, die eine solche Glaubens- bzw. Erwachsenentaufe praktizieren; und auch in unseren Breiten wird die Taufe von Kindern mehr und mehr infrage gestellt.

Taschenbuch: 76 Seiten
Verlag: Books on Demand; Auflage: 3 (18. Mai 2016)
ISBN-10: 3842329776
ISBN-13: 978-3842329775
Größe und/oder Gewicht: 12,7 x 0,4 x 20,3 cm

Friede sei mit Dir!

Ist das vorliegende Buch eine anspruchsvolle biblische Analyse, so ist dieser Titel eine leicht zu lesende Präsentation des Evangeliums, das Jesus Christus gepredigt hat. Es geht darin auch besonders um den friedfertigen Lebensstil Seiner Nachfolger.

Das Evangelium vom Reich Gottes, bzw. die gesamte Heilsgeschichte der Bibel ist wohl die spannendste Geschichte, die man lesen kann. Aber es handelt sich dabei nicht um Belletristik, nicht um einen unterhaltsamen Roman. Es geht um Wirklichkeiten, denen wir uns stellen müssen. Die Auferstehung und das Königtum Christi sind so real wie unser Tod und die Tatsache, dass wir uns vor Ihm als Richter verantworten müssen. Wie aber gehen wir damit um? Was sollen wir tun?

Taschenbuch: 180 Seiten
Verlag: Books on Demand; Auflage: 1 (19. Mai 2016)
ISBN-10: 3848210525
ISBN-13: 978-3848210527
Größe und/oder Gewicht: 12,7 x 1 x 20,3 cm

Wegbegleiter

Dieses Buch habe ich gemeinsam mit Bruder Harry von unserer kleinen Täufergemeinde in Wien herausgebracht. Es wurde zum Andachts- und Gebetbuch unserer Gemeinde.

Der "Wegbegleiter" ist eine Neubearbeitung des Gebetbuches der "Amish People" und Mennoniten. 1708 das erste Mal unter dem Titel "Die ernsthafte Christenpflicht" erschienen, durchlief es bis heute über 100 Auflagen. Es ist unser Anliegen, diesen bewährten Schatz an Gebeten und Texten unserer Generation neu zugänglich zu machen.

Enthalten sind im "Wegbegleiter"

- mehr als 70 Gebete für das persönliche Andachts- und Gemeindeleben
- erklärende Texte und Impulse zur Andacht
  Vier Lieder über das Gebet
- Ein Traktat über die Heiligung von Gedanken, Worten und Taten
- Die Auslegung von Psalm 25 von Menno Simons
- Eine Darstellung des Glaubens der wehr- und rachelosen Christen (Mennoniten)
- Die Artikel von Schleitheim 1527
- Das Dordrechter Bekenntnis 1632
- Täuferische Spiritualität zwischen Biblizismus und Mystizismus
- Anregungen zum Leben als Hausgemeinden nach den alten Ordnungen

Gebundene Ausgabe: 480 Seiten
Verlag: Books on Demand; Auflage: 1 (16. März 2016)
ISBN-10: 3837058352
ISBN-13: 978-3837058352
Größe und/oder Gewicht: 12,6 x 3,6 x 19,8 cm

Web-Präsenz

Viele weitere Gedanken und Herausforderungen zu einem Glaubensleben, welches auf dem Evangelium des Herrn Jesus beruht und nicht auf einer „Verkürzung" desselben, kann man auf unseren Webseiten finden:

https://hausgemeinde.wordpress.com/

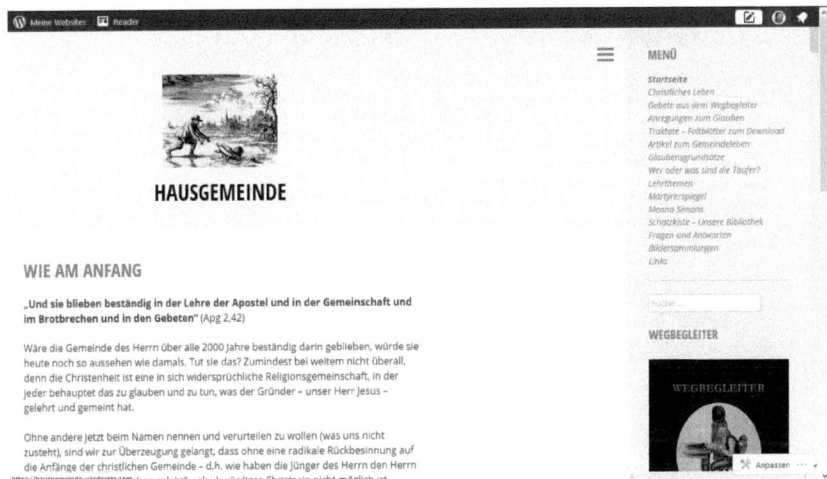

Unser Blog: https://nachfolgerchristi.wordpress.com/